现代职业教育 汽车专业"十三五"创新教材

汽车维修工量具使用及钳工基础技能训练

广东合赢教育科技股份有限公司 组编

高宏超 冯津 主编

林志宽 孙兵凡 董凯敏 副主编

刘焰 主审

机械工业出版社
CHINA MACHINE PRESS

本教材基于课程和教学改革，以汽车维修行业企业对人才能力需求为主线，以将汽车维修基本技能扎扎实实的训练好为基本宗旨，着重于汽车维修工量具的使用和钳工基础知识的学习及基本技能的培养。

本教材中的每个项目都是遵循汽车维修实际的工作过程来实施完成的，以增强学习场景的真实感，突出实际技能的培养，体现"做中学、学中做"，将新的教学理念和手段运用其中，并配有丰富的教学资源，如视频、图片和课后练习，使学生切实地学到汽车维修基本知识，打好基础技能，为职业生涯的发展奠定良好的技能基础。

本教材适于中高职学校及技工学校教学使用。

图书在版编目（CIP）数据

汽车维修工量具使用及钳工基础技能训练／高宏超，冯津主编．—北京：机械工业出版社，2019.7（2023.8 重印）
现代职业教育汽车专业"十三五"创新教材
ISBN 978-7-111-62979-5

Ⅰ.①汽⋯ Ⅱ.①高⋯ ②冯⋯ Ⅲ.①汽车-车辆修理-钳工-职业教育-教材 Ⅳ.①U472.4

中国版本图书馆 CIP 数据核字（2019）第 115463 号

机械工业出版社（北京市百万庄大街22号　邮政编码100037）
策划编辑：齐福江　　　　　　　责任编辑：齐福江
责任校对：李　伟　　　　　　　封面设计：陈　沛
责任印制：孙　炜
北京中科印刷有限公司印刷
2023年8月第1版第3次印刷
184mm×260mm・9.5 印张・212 千字
标准书号：ISBN 978-7-111-62979-5
定价：45.00 元

电话服务　　　　　　　　　　网络服务
客服电话：010-88361066　　　机　工　官　网：www.cmpbook.com
　　　　　010-88379833　　　机　工　官　博：weibo.com/cmp1952
　　　　　010-68326294　　　金　书　网：www.golden-book.com
封底无防伪标均为盗版　　　机工教育服务网：www.cmpedu.com

《汽车维修工量具使用及钳工基础技能训练》
编委会

主任委员：冯　津　广东合赢教育科技股份有限公司
副主任委员：刘　焰　贵州交通职业技术学院
　　　　　　陈文均　贵州交通技师学院
　　　　　　张红伟　广州科技贸易职业学院

委　　员：深圳市第二职业技术学院　　　　孙兵凡　李世川
　　　　　广州科技贸易职业学院　　　　　高宏超
　　　　　贵州交通职业技术学院　　　　　田兴强　尚　辉
　　　　　贵州交通技师学院　　　　　　　刘　卯
　　　　　广州交通职业技术学院　　　　　郭海龙
　　　　　六盘水职业技术学院　　　　　　朱德桥
　　　　　三都水族自治县职业技术学院　　王天力
　　　　　广州市公用事业技师学院　　　　林志宽　刘宣传　关永安　郭奇海
　　　　　深圳技师学院　　　　　　　　　李　楷
　　　　　深圳市龙岗职业技术学校　　　　易小彪
　　　　　东莞职业技术学院　　　　　　　刘存山
　　　　　广东合赢教育科技股份有限公司　罗永志
　　　　　深圳百思泰工具有限公司　　　　赵乙霖
　　　　　广州市机动车维修行业协会　　　王　囡
　　　　　一汽丰田华南培训中心　　　　　陈国宏

主　　审：刘　焰

前言 PERFACE

随着我国汽车工业的高速发展，汽车类人才需求也在不断增长，而汽车技术的不断提高则对技术技能人才提出了更高的要求。

在我国大力发展职业教育的大背景下，职业教育领域经过一系列的人才培养模式和课程改革，取得了很大的成就和显著的效果。本教材基于课程和教学改革，以汽车维修行业企业对人才能力需求为主线，以将汽车维修基本技能扎扎实实地训练好为基本宗旨，着重于汽车维修工量具的使用和钳工基础知识的学习及基本技能的培养。本教材中的每个项目都是遵循汽车维修实际的工作过程来实施完成的，以增强学习场景的真实感，突出实际技能的培养，体现"做中学、学中做"，将当前新的教学理念和手段运用其中，并配有丰富的教学资源，如视频、图片和课后练习，使学生在教材书的引领下切切实实地学好汽车维修的基本知识，打好基础技能，更快地将知识技能应用到生产实践中去，为职业生涯的发展奠定良好的技能基础。希望本教材的出版能够对培养现代汽车维修的技能型人才，满足行业企业人才需求有很好的指导和帮助作用。

本书由广州科技贸易职业学院高宏超老师和广州合赢教育科技股份有限公司冯津总经理任主编，广州市公用事业技师学院林志宽老师、深圳市第二职业技术学校孙兵凡老师和聊城技师学院董凯敏老师担任副主编，参编的人员还有刘宣传、关永安、郭奇海、罗永志、朱芳武、顾惠烽、周迪培、刘春宁、甘彩连、李建涛、张运宇、王怡、张弦、张峰、李海杰、惠志强。编写人员有职业院校汽车专业教师，教学经验丰富，还有来自汽车维修企业的人员，通过校企合作将真实的工作过程和职教新理念、新思路融入教材中来，使得教材更加贴近汽车维修实际。

本教材立意明确，重在实践能力的培养，可以用作职业院校汽车及相关专业教材，也可作为汽车服务人员及企业员工培训用书。

由于编者水平和经验所限，加之技术更新发展很快，书中难免有不足或错漏之处，敬请批评指正。

编 者

目录 CONTENTS

前言

项目一　汽车维修安全知识　001
　任务1　汽车维修安全常识　001

项目二　汽车维修常用工具的选用及使用技能训练　008
　任务2　套筒、配套工具的选用及使用技能训练　008
　任务3　各类扳手的选用及使用技能训练　020
　任务4　各种钳子的选用及使用技能训练　029
　任务5　各类螺钉旋具的选用及使用技能训练　037
　任务6　电动工具及气动工具的选用及使用技能训练　045
　任务7　各种压具和拉具的选用及使用技能训练　051

项目三　汽车维修常用量具的选用及使用技能训练　056
　任务8　简单测量工具的选用及使用技能训练　056
　任务9　塞尺、刀口尺的选用及使用技能训练　062
　任务10　游标卡尺的选用及使用技能训练　067
　任务11　千分尺的选用及使用技能训练　075
　任务12　百分表的选用及使用技能训练　083
　任务13　量缸表的选用及使用技能训练　090

项目四　汽车维修钳工基本技能训练　096
　任务14　锤击类工具的选用及使用技能训练　096
　任务15　锉刀的选用及使用技能训练　103
　任务16　錾、冲类工具的选用及使用技能训练　111
　任务17　手锯的选用及使用技能训练　122
　任务18　丝锥及板牙的选用及使用技能训练　130
　任务19　扩管器的选用及使用技能训练　139

V

项目一
汽车维修安全知识

任务 1 汽车维修安全常识

学习目标

● **知识目标**
1. 了解汽车维修企业的安全常识。
2. 掌握汽车维修企业的 6S 管理。

● **技能目标**
会熟练说出汽车维修安全常识。

建议课时：
2 课时

知识准备

一、汽车维修安全常识

1. 人身保护

生产中的人身劳动保护如图 1-1 所示。

（1）必要时戴好防护眼镜和面罩。

（2）强噪声的环境下戴耳塞或耳罩。

（3）工作鞋，应带钢质的脚趾盖（能抵挡落下的重物、飞溅的火星），鞋底能够抵挡尖锐物的刺扎。

（4）不要戴手表、珠宝、戒指，不可扎带铁的皮带（可能使某个电源接头搭铁引发烧伤）。

（5）工作服，不要穿宽松的衣服，长头发要盘起来。

（6）在多尘的环境中应戴呼吸器。进行四轮保养时，可以拿一块湿布盖在轮毂上，再用气枪吹就不会起灰尘。

汽车维修职业认识

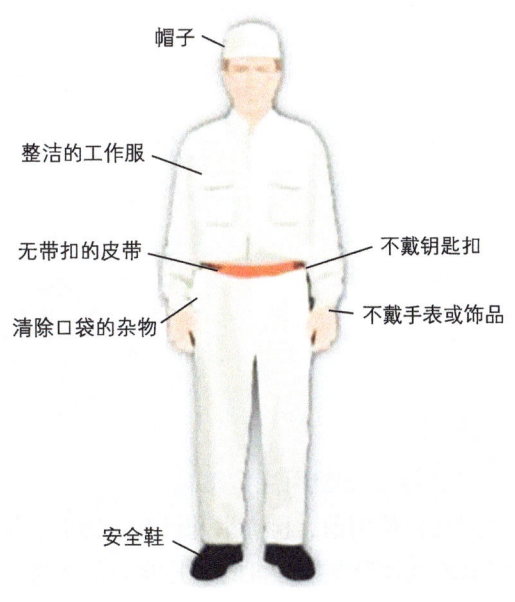

图 1-1 人身劳动保护

2. 吸烟问题

（1）车间内严禁吸烟、饮酒及服用麻醉品。

（2）吸烟只能在吸烟区（图1-2），不要在车间内吸烟（烟头或打火机的火花会点着工作场所中的易燃物）。

（3）不要在客户车内吸烟。

（4）车间内工作时不能饮酒，服用麻醉品，饮酒、服用麻醉品会使人反应变慢。

图1-2　车间外吸烟区

3. 安全用电

（1）电气设备的破损导线应及时更换或包扎。

（2）各种电器设备应接地线，防止触电。电源插座应使用三线接头，双线插座容易接触不良导致火花。

（3）电器设备不要在无人看管的情况下使用。

安全用电图示如图1-3所示。

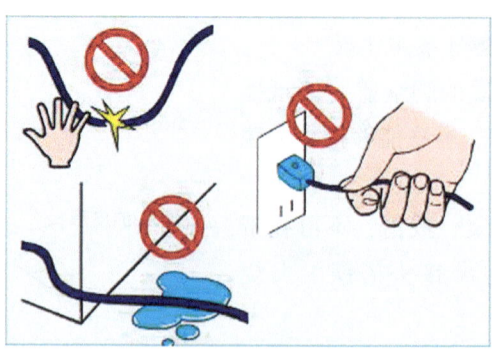

图1-3　安全用电图示

4. 举升机使用注意事项

（1）使用前，检查举升机有无漏电、漏油状况，通电检查电动机是否正常工作，并确认车辆的总重量在举升机的举升能力范围内。

（2）将车辆停在举升机的中间位置，将变速杆挂入P或N位，并拉上驻车制动操纵杆，尽量使汽车的重心与举升机的重心相接近，此位置能将举升机的托臂支在汽车底盘的支撑位置（图1-4c）。

 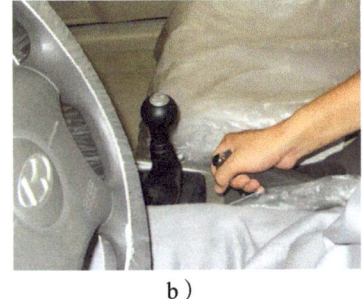 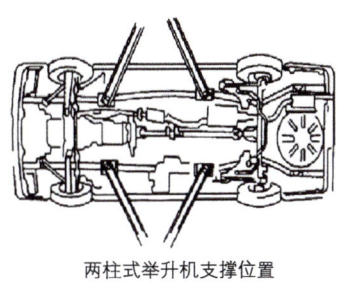

a)　　　　　　　　　　b)　　　　　　　　　　c)

图1-4　举升车辆前的工作及支撑位置

（3）举升车辆时注意事项见图1-5。

 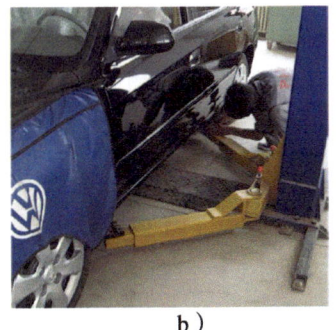 

a)　　　　　　　　　　b)　　　　　　　　　　c)

①起动举升机，待支点接近车辆时停止举升车辆，检查支点与车辆是否对齐。

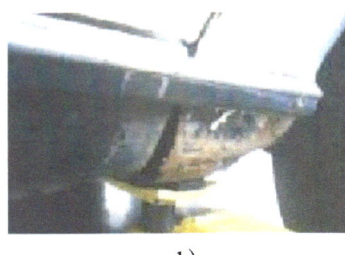  

d)　　　　　　　　　　e)　　　　　　　　　　f)

②起动举升机，待支点与车辆接触后，重新检查支点位置，确认无误后将车辆举升离地300mm。

③在车辆侧面推动车辆，确定车辆稳定后将车辆举升到工作高度。

g)

图1-5　举升车辆过程

(4) 汽车举升前，操作人员要提醒汽车周围人员举升机要运作，防止意外发生。

(5) 任何人不得在举升机周围打闹，严禁在举升机举升、下降过程中从车下穿行或进行维修工作。

二、汽车维修企业 6S 管理

6S 是指整理（Seiri）、整顿（Seiton）、清扫（Seiso）、清洁（Seiketsu）、素养（Shitsuke）、安全（Security）六个项目，因这六个单词均以字母"S"开头，故简称为 6S（图 1-6）。6S 起源于日本，通过规范现场、现物，营造一目了然的环境，培养员工良好的工作习惯，其最终目的是提升人的素质：革除马虎之心，养成凡事认真、遵守规定、自觉维护场所环境和文明礼貌的习惯。

图 1-6　6S 管理

（1）整理（Seiri）——将工作场所的所有物品区分为有必要和没有必要的，除了有必要的留下来，其他的都消除掉。将工作场所的物品区分出来，有必要的留下外，其他的都清除或放置在其他地方。这往往是 6S 的第一步（图 1-7）。

目的：腾出空间，空间活用，防止误用，营造清爽的工作场所。

要求：将物品分类：
①不再使用的。
②使用频率很低的。
③使用频率较低的。
④经常使用的。

将第①类物品处理掉，第②、③类物品放置在储存处，第④类物品留置在工作场所。

图 1-7　整理

（2）整顿（Seiton）——把留下来的必须用的物品定点定位放置，并放置整齐，必要时加以标识。它是提高效率的基础（图 1-8）。

目的：工作场所一目了然，整整齐齐的工作环境，消除过多的积压物品，减少寻找物品的时间。

要求：
①对可供放置的场所进行规划定置。

图 1-8　整顿

②将物品在上述场所摆放整齐。

③必要时应标识。

(3) 清扫（Seiso）——将工作场所内看得见与看不见的地方清扫干净，保持工作场所干净、整洁的环境（图1-9）。

目的：稳定品质，减少工业伤害。

要求：

①清扫所有物品。

②设备工具彻底清理。

③破损的物品修理。

图1-9 清扫

(4) 清洁（Seiketsu）——是指维持整理、整顿、清扫等3S处理后的成果（图1-10），并且将之进行制度化，时刻保持环境处在整洁美观的状态。

目的：维持3S（整理、整顿、清扫）推行的成果，监督员工按照检查表的要求对设备进行润滑、点检，对场地等进行清洁，保持好设备处于最佳工作状态，创造舒适明朗的工作环境。

要求：根据检查表的要求对设备及场地进行维护。

(5) 素养（Shitsuke）——每位成员养成良好的习惯，并遵守规则做事，培养积极主动的精神（也称习惯性）（图1-11）。

图1-10 清洁　　　　图1-11 素养

汽车维修工量具使用及钳工基础技能训练

目的：培养出好习惯、遵守规则的员工，营造团结精神。

要求：

①应遵守出勤、作息时间。

②工作应保持良好的状态（如不可以随意谈天说地、离开实训岗位、看小说、打瞌睡、吃零食等）。

③服装整齐。

④待人接物诚恳有礼貌。

⑤爱护公物，用完归位。

⑥保持清洁。

（6）安全（Security）——重视全员安全教育，每时每刻都有安全第一的观念，防患于未然。

目的：建立起安全生产的环境，使所有的工作建立在安全的前提下。

要求：及时发现并排除事故隐患，使安全得到保障。

6S 总结： 整理：要与不要，一留一弃；
整顿：科学布局，取用快捷；
清扫：清除垃圾，美化环境；
清洁：形成制度，贯彻到底；
素养：养成习惯，以人为本；
安全：安全操作，生命第一。

三、推行6S管理的目的

（1）改善和提高企业形象： 整齐、清洁的工作环境，容易吸引顾客，让顾客有信心；同时，由于口碑相传，会成为其他公司的学习对象。

（2）促进效率的提高： 良好的工作环境和工作气氛，有修养的工作伙伴，物品摆放有序，不用寻找，员工可以集中精神工作，工作兴趣高，效率自然会提高。

（3）改善零件在库周转率： 整洁的工作环境，有效的保管和布置，彻底进行最低库存量管理，能够做到必要时能立即取出有用的物品；工序间物流通畅，能够减少甚至消除寻找、滞留时间，改善零件在库周转率。

（4）减少直至消除故障，保障品质： 优良的品质来自优良的工作环境。通过经常性的清扫、点检，不断净化工作环境，避免污物损坏机器，维持设备的高效率，提高品质。

（5）**保障企业安全生产**：储存明确，物归原位，工作场所宽敞明亮，通道畅通，地上不会随意摆放不该放置的物品。如果工作场所有条不紊，意外的发生也会减少，当然安全就会有保障。

（6）**降低生产成本**：通过实施6S管理，可以减少人员、设备、场所、时间等的浪费，从而降低生产成本。

（7）**改善员工精神面貌，使组织活力化**：人人都变成有修养的员工，有尊严和成就感，对自己的工作尽心尽力，并带动改善意识（可以实施合理化提案改善活动），增加组织的活力。

（8）**缩短作业周期，确保交货期**：由于实施了"一目了然"的管理，使异常现象明显化，减少人员、设备、时间的浪费，生产顺畅，提高了作业效率，缩短了作业周期，从而确保交货期。

四、6S管理的方针

三句口号：

（1）把最容易做的事情做好就不容易，把最简单做的事情做好就不简单。

（2）当天的事情当天做，自己的事情自己做。

（3）做正确的事，正确地做事。

要做6S，必须认识到它的好处，内心真正接受，而不能存在排斥心理不情愿而做。6S是做本来我们应该做但没做好的事，而不是增加额外工作，利用有限的条件把企业做规范正是体现管理水平的地方。

工作太忙没时间做不是理由。工作忙的人满眼杂乱、思路不清，做6S就是为条理清晰，解决越忙越乱、越乱越忙的问题。

6S并不增加成本，做好6S将提高效率，降低成本。

没有谦虚的心态，不从内心真正接受它，6S是很难做好的。

项目二 汽车维修常用工具的选用及使用技能训练

任务2 套筒、配套工具的选用及使用技能训练

学习目标

● 知识目标
1. 能够描述套筒及配套工具的作用、规格以及使用注意事项。
2. 能够区别各类套筒及配套工具。

● 技能目标
1. 掌握常用套筒及配套工具正确的操作。
2. 能够对套筒及配套工具进行维护保养。
3. 能够利用套筒及配套工具对汽车相关螺栓进行拆装。

建议课时：

2课时

任务描述

汽车维修过程中，拆装零部件是必不可少的工作。汽车发动机、底盘等零件的连接及固定大多选用螺母、螺栓完成。拆装时，一定要选择与螺母或螺栓完全贴合的套筒，如果使用比螺母或螺栓大的套筒，在旋转的过程中，套筒很容易将螺母或螺栓头部磨圆。

知识准备

一、套筒及配套工具的认识

套筒扳手内部一端呈六边形或十二边形，用来套住螺栓头；另一端有一个正方形的头孔，该头孔与配套扳手相接，特别适用于拧转位置十分狭小或凹陷很深处的螺栓或螺母。

套筒扳手主要由套筒头（图2-1）、手柄、棘轮手柄、摇动手柄、滑行手柄、接头、短接杆和长接杆等组成。各种手柄适用于不同的场合，以操作方便或提高效率为原则。常用套筒扳手的规格是10~32mm。在汽车维修中还采用了许多专用套筒扳手，如火花塞套筒、轮毂套筒、轮胎螺母套筒等。各类套筒扳手如图2-2所示。

任务2 套筒、配套工具的选用及使用技能训练

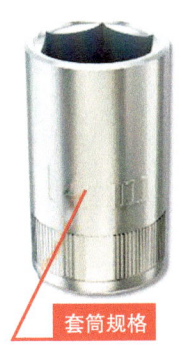  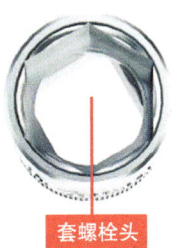

图 2-1 套筒头

 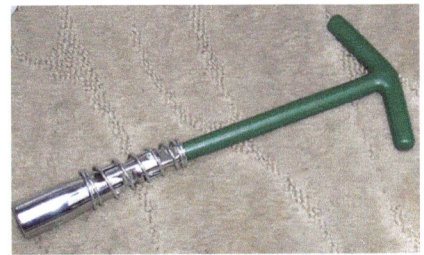 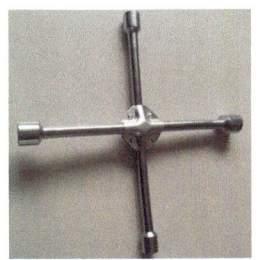

图 2-2 各类套筒扳手

二、套筒扳手分类

（1）按接口（指头孔的尺寸）大小分为大（12.5mm）、中（10mm）、小（6.3mm）三个系列，如图 2-3a 所示。

（2）按长短分为长套筒、短套筒、E 形套筒，如图 2-3b 所示。

（3）按边分为六边，十二边，如图 2-3c 所示。

（4）从外观上分为单沟和双沟、滚花、直筒、镀镍和铬等，如图 2-3d 所示。

（5）按用途分为手动套筒扳手和气动套筒扳手（黑色，铬钼钢），如图 2-3e 所示。

（6）按拆装位置形状分为一字旋具、十字旋具、米字旋具、花形旋具、六角旋具，如图 2-3f 所示。

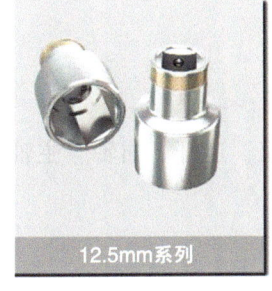 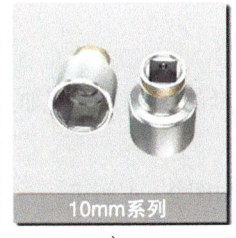 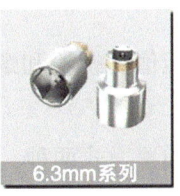 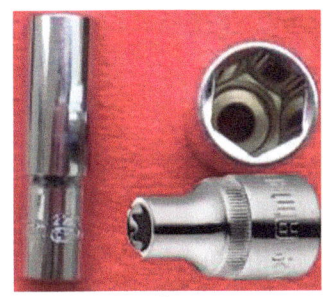

a)   b)

图 2-3 套筒扳手分类

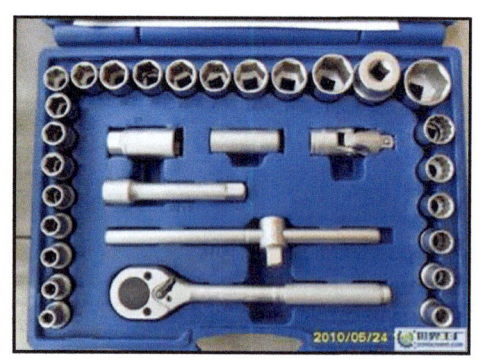

c)

d)

e)

f)

图 2-3 套筒扳手分类（续）

三、套筒扳手的使用注意事项

（1）不要使用已损坏或有裂纹的套筒扳手，否则会受到伤害。
（2）六边形的套筒扳手比十二边形的套筒扳手更具有防滑性。
（3）套筒扳手的选用要与螺栓或螺母的尺寸相适应。

四、套筒扳手的配套工具

1. 扭力扳手

扭力扳手主要用于有规定力矩值的螺栓和螺母的装配，如气缸盖、连杆、曲轴、主轴承等处的螺栓。

常用的扭力扳手有指针式和预置力式两种，如图 2-4 所示。

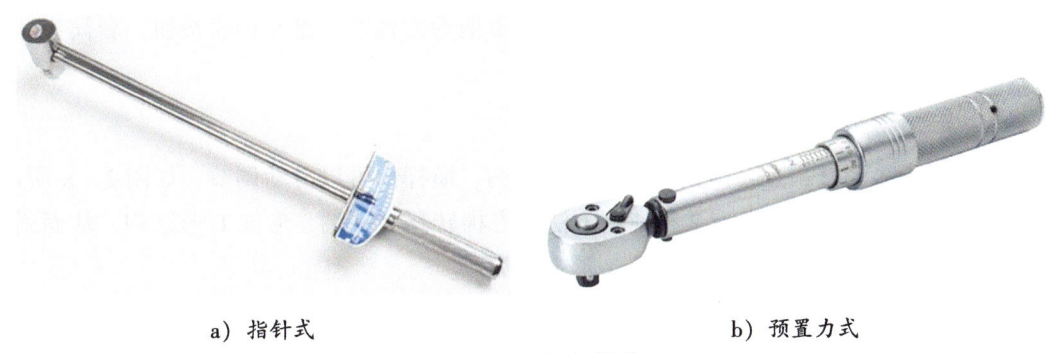

a）指针式　　　　　　　　　　b）预置力式

图 2-4　扭力扳手

指针式扭力扳手结构相对比较简单，它有一个刻度盘，当紧固螺栓时，扭力扳手的杆身在力的作用下发生弯曲，这样就可以通过指针的偏转角度大小表示螺栓、螺母的旋转程度，其数值可通过刻度盘读出（图 2-5）。使用指针式扭力扳手时，应注意左手在握住扳手与套筒连接处时，不要碰到指针杆，否则会造成读数不准。

预置力式扭力扳手可通过旋转手柄预置设定力矩，当达到设定力矩时，扳手会发出警告声响以提示用户（图 2-6）。

当听到"咔嗒"声响后，立即停止旋转以保证力矩正确。当扳手设在较低力矩值时，警告声可能很小，所以应特别注意。

 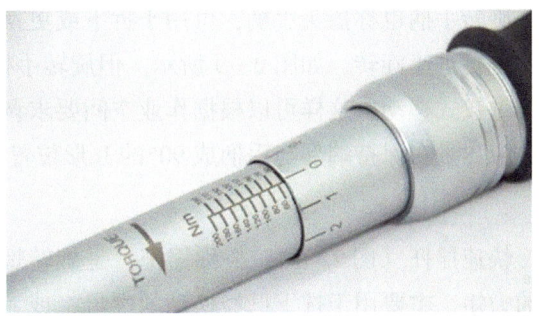

图 2-5　指针式扭力扳手刻度盘　　　图 2-6　预置力式扭力扳手预置设定力矩

2. 棘轮手柄

棘轮手柄是最常见的套筒手柄。套筒手柄是装在套筒头上的配套手柄，如果没有配套手柄，套筒扳手将无法工作，如图 2-7 所示。使用棘轮手柄时，可使套筒扳手以小的回转角锁住并在有限空间中工作。棘轮手柄头部设计有棘轮装置，在不脱离套筒扳手和螺栓的情况下，可实现快速单方向的转动。

通过调整锁紧机构可改变其旋转方向：将锁紧机构手柄调到左边，可以单向顺时针拧紧螺栓或螺母；将锁紧机构手柄调到右边，可以单向逆时针松开螺栓或螺母。

棘轮手柄使用方便但不够结实。不要使用棘轮手柄对螺栓或螺母进行最后的拧紧。另外，严禁对棘轮手柄施加过大的力矩，否则会损坏内部棘爪结构。

使用时，按下锁紧按钮，将套筒头套入棘轮手柄的方榫中，松开锁紧按钮，套筒头即被锁止；如果再次按下锁紧按钮，即可解除套筒头锁定。

3. 滑杆

滑杆也称为T形杆，是套筒扳手专用配套手柄，横杆部可以滑动调节，如图2-8所示。通过滑动方榫部分，手柄可以有2种使用方法。方榫转移在一端，形成L形结构，从而增加力矩，达到拆卸或紧固螺栓的目的，与L形扳手类似。

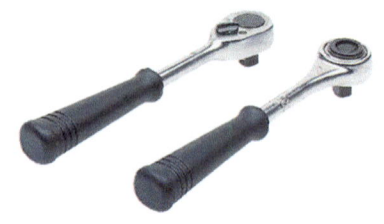

图2-7 棘轮手柄　　　　　　　　　图2-8 滑杆

方榫部分在中部位置，形成T形结构，两只手同时用力，可以增加拆卸速度，但要求的工作空间很大。当拆卸力矩过大时，禁止在滑杆的手柄上再加装套管或用锤子锤击，否则会造成工具或螺栓损坏。

4. 旋转手柄

旋转手柄也称摇头手柄，可用于拆下或更换要求大力矩的螺栓或螺母，也可在调整好手柄后进行迅速旋转，如图2-9所示。但旋转手柄很长，很难在狭窄空间内使用。旋转手柄头部可做铰式移动，这样可以根据作业空间要求调整手柄的角度进行使用。通常使用旋转手柄时，应尽量在保持端部与手柄成90°的L形位置的状态下使用。

5. 快速摇杆

快速摇杆（图2-10）俗称摇把，是旋转螺母最快的配套手柄，但不能在螺母上施加太大的力矩，主要用于拧下已经松动的螺母，或者把螺母快速旋上螺栓。使用快速摇杆时，左手握住摇杆端部，并保持摇杆与所拆卸螺栓同轴，右手握住摇杆弯曲部，迅速旋转。使用快速摇杆时，握摇杆的手不可摇晃，以免套筒滑出螺栓或螺母而发生安全事故。

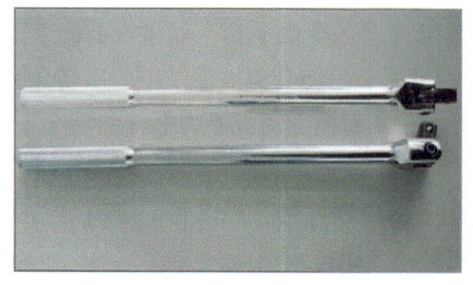

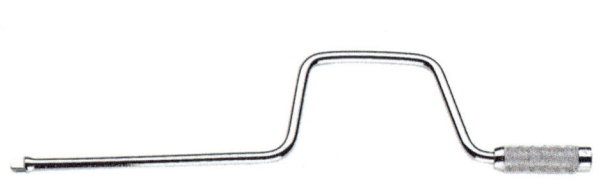

图2-9 旋转手柄　　　　　　　　　图2-10 快速摇杆

6. 接杆

接杆也称延长杆或加长杆，是套筒类成套工具不可缺少的一部分，如图 2-11 所示。日常维修工作中，有 75mm、125mm、150mm 和 250mm 等不同长度的接杆供选用。接杆的主要作用是加装在套筒头和配套手柄之间，用于拆卸和更换装得更深的螺栓、螺母。另外，在拆卸平面上的螺栓、螺母时，工具会紧贴在操作面上，妨碍正常拆卸，甚至会发生安全事故。接杆可将工具抬离平面一定高度，便于操作。

图 2-11 接杆

任务实施

一、使用套筒定（预置力式）扭力扳手按规定力矩扭紧螺栓

1. 准备实训器材

汽车维修工量具技能训练实训台、预置力式扭力扳手、接杆、套筒头如图 2-12 所示。

套筒、配套工具的选用及使用技能训练

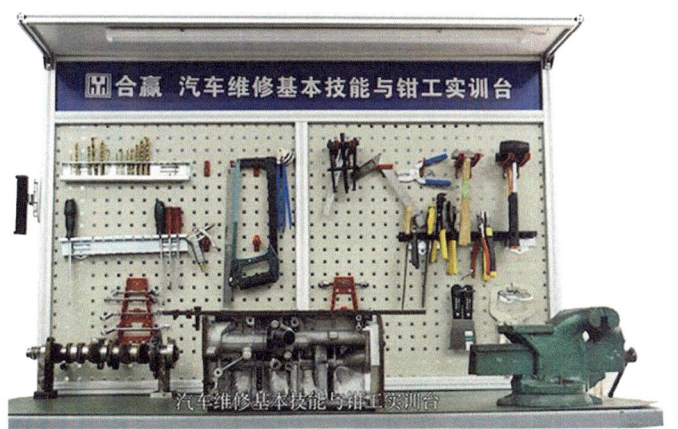

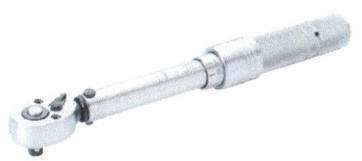

图 2-12 实训器材

2. 操作步骤（图2-13）

1. 清洁螺栓安装部位，选用合适的螺栓。

2. 检查并清洁预置力式扭力扳手，确认扳手是否有损坏，扳手力矩调整是否正常，棘轮机构顺时针或逆时针可否正常锁紧或松开。

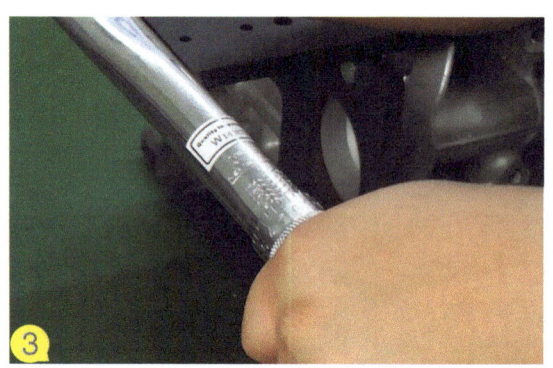

3. 将扳手力矩调整到规定值，并锁止。

4. 选择与螺栓大小匹配的套筒头，包括选用的套筒头尺寸与扭力扳手尺寸相一致，清洁套筒。

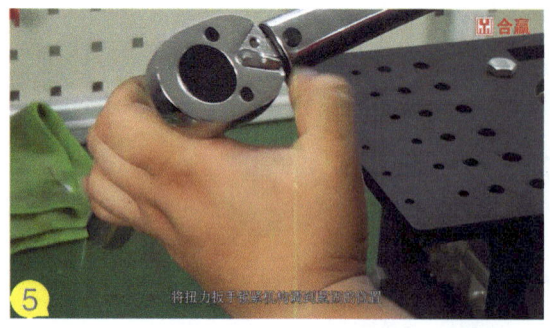

5. 将预置力式扭力扳手、接杆和套筒连接，调节棘轮锁紧机构至拧紧位置。

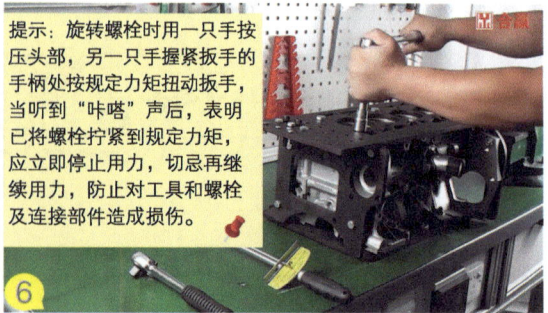

提示：旋转螺栓时用一只手按压头部，另一只手握紧扳手的手柄处按规定力矩扭动扳手，当听到"咔嗒"声后，表明已将螺栓拧紧到规定力矩，应立即停止用力，切忌再继续用力，防止对工具和螺栓及连接部件造成损伤。

6. 使用预置力式扭力扳手往身体方向拧紧螺栓。

图2-13 操作步骤

取下扭力扳手及套筒头,拆分套筒头及连接的扳手,打开扭力扳手锁紧装置,恢复扭力至最小值。

图 2-13 操作步骤(续)

3. 现场整理

(1) 将拆装使用的工具清洁干净,放进工具箱。

(2) 清洁地面,确保地面清洁。

(3) 将拆装过程中产生的各种垃圾分类处理,保护环境。

二、使用套筒棘轮扳手扭松螺栓

1. 准备实训器材

汽车维修工量具技能训练实训台、棘轮手柄、接杆、套筒头,如图 2-14 所示。

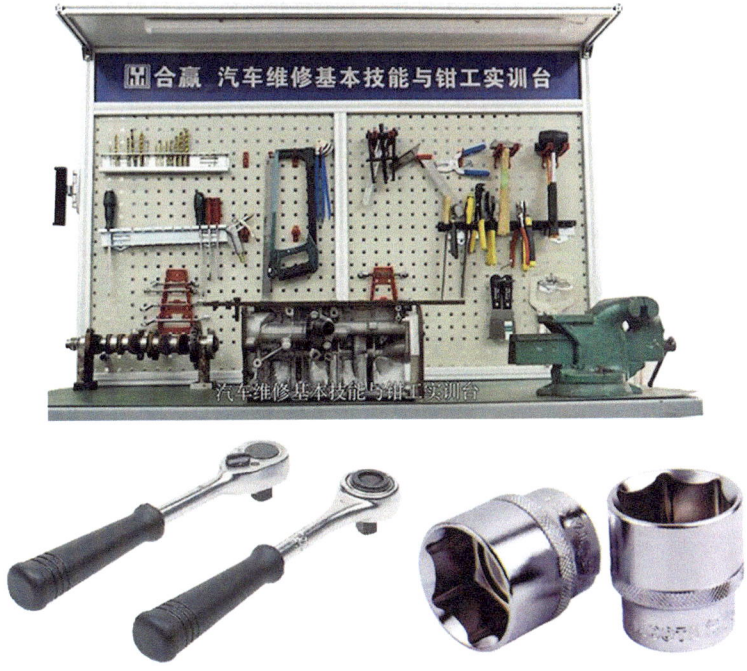

图 2-14 实训器材

2. 操作步骤（图 2-15）

① 清洁螺栓安装部位，选用合适的螺栓。

② 检查并清洁棘轮手柄，确认手柄是否损坏，棘轮机构顺时针或逆时针可否正常锁紧或松开。

③ 选择与螺栓大小匹配的套筒头，包括选用的套筒头尺寸与棘轮手柄尺寸相一致，清洁套筒头。

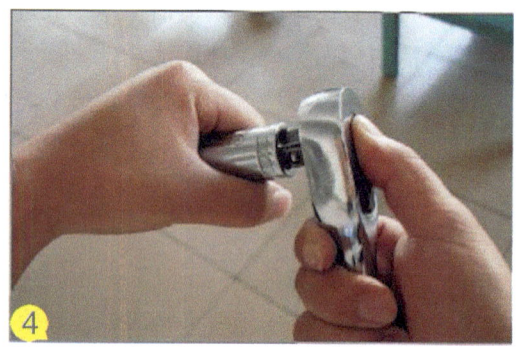

④ 将棘轮手柄、接杆和套筒头连接，调节棘轮锁紧机构至拧松位置。

⑤ 使用套筒棘轮扳手逆时针方向拧松螺栓。

提示：旋转螺栓时一只手按压头部，另一只手握紧扳手的手柄处扭动扳手，不能使用棘轮扳手松开或紧固大力矩的螺栓或螺母，防止损坏棘轮机构。

⑥ 取下扳手及套筒头，拆分套筒头及连接的扳手。

图 2-15 操作步骤

3. 现场整理

（1）将拆装使用的工具清洁干净，放进工具箱。

（2）清洁地面，确保地面清洁。

（3）将拆装过程中产生的各种垃圾分类处理，保护环境。

三、使用套筒指针式扭力扳手按规定力矩扭紧螺栓

1. 准备实训器材

汽车维修工量具技能训练实训台、指针式扭力扳手、接杆和套筒头如图2-16所示。

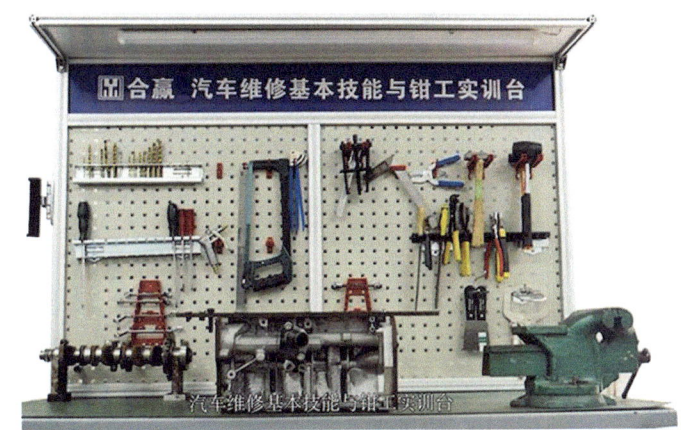

图2-16 实训器材

2. 操作步骤（图2-17）

❶ 清洁螺栓安装部位，选用合适的螺栓。

❷ 检查并清洁扭力扳手，确认扳手是否损坏，指针是否有卡滞。

图2-17 操作步骤

③ 选择与螺栓大小匹配的套筒头，包括选用的套筒头尺寸与扭力扳手尺寸相一致，清洁套筒头。

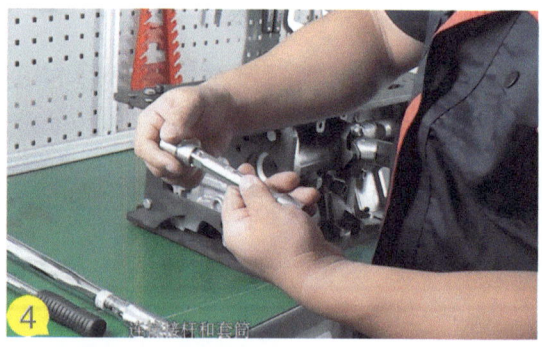
④ 将扭力扳手、接杆和套筒头连接。

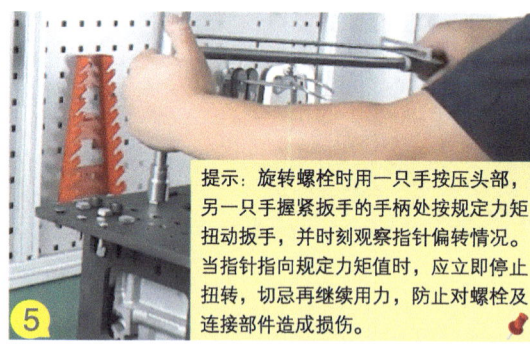
提示：旋转螺栓时用一只手按压头部，另一只手握紧扳手的手柄处按规定力矩扭动扳手，并时刻观察指针偏转情况。当指针指向规定力矩值时，应立即停止扭转，切忌再继续用力，防止对螺栓及连接部件造成损伤。

⑤ 用套筒头套住螺栓，往身体方向转动扭力扳手拧紧螺栓。

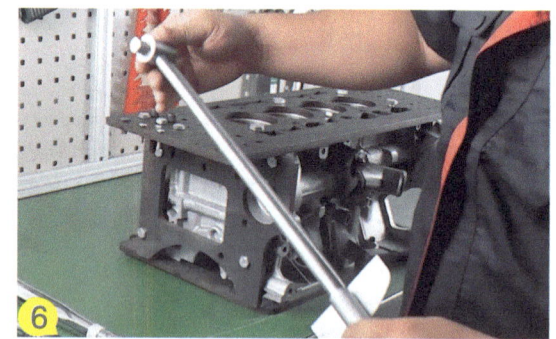
⑥ 取下扭力扳手及套筒头，拆分套筒头及连接的扳手。

图2-17 操作步骤（续）

3. 现场整理

（1）将拆装使用的工具清洁干净，放进工具箱。

（2）清洁地面，确保地面清洁。

（3）将拆装过程中产生的各种垃圾分类处理，保护环境。

评价与反馈

序号	评价项目	分值	自评（30%）	互评（30%）	教师评（40%）
1	着装符合要求	10			
2	积极主动、有兴趣地参与	10			
3	查找维修手册等相关资料	10			
4	能合理规范地使用仪器和设备	15			
5	按照安全和规范的流程操作	15			
6	遵守学习、实训场地的规章制度	15			
7	能保持学习、实训场地整洁	15			
8	团结协作情况	10			

套筒、配套工具的选用及使用技能训练 任务2

技能考核标准

技能考核项目		操作内容	规定分值	评分标准	得分
课前准备	劳动保护	个人工作服着装清洁整齐	5	个人工作服着装清洁整齐得5分,否则酌情扣分	
	集队	课前分组集队整齐迅速	5	课前分组集队整齐迅速得5分,否则酌情扣分	
任务实施及操作	场地准备	检查场地布置及设备运行用电需要	5	检查场地布置及设备运行用电需要得5分,否则酌情扣分	
	工具准备	拆装所需工具齐全	5	拆装所需工具齐全得5分,否则酌情扣分	
	使用套筒定(预置力式)扭力扳手按规定力矩拧紧螺栓	1. 选择与螺栓配套的套筒头或专用扳手 2. 可以规范使用工具完成操作	20	1. 选择与螺栓配套的套筒头或专用扳手得5分,否则酌情扣分 2. 做好工具设备的清洁、检查得5分,漏掉一项扣1分 3. 能正确使用工具拧紧指定螺栓得10分,否则酌情扣分	
	使用套筒棘轮扳手拧松螺栓	1. 选择与螺栓配套的套筒头或专用扳手 2. 可以规范使用工具完成操作	20	1. 选择与螺栓配套的套筒头或专用扳手得5分,否则酌情扣分 2. 做好工具设备的清洁、检查得5分,漏掉一项扣1分 3. 能正确使用工具拧松指定螺栓得10分	
	使用套筒指针式扭力扳手按规定力矩拧紧螺栓	按对角拆装的原则进行作业	20	1. 选择与螺栓配套的套筒头或专用扳手得5分,否则酌情扣分 2. 做好工具设备的清洁、检查得5分,漏掉一项扣1分 3. 能正确使用工具拧紧指定螺栓得10分,否则酌情扣分	
6S管理	现场管理	整个操作过程现场布局合理、按6S要求完成操作	20	操作现场合理布局,操作过程符合6S规范得20分,否则酌情扣分	
总分					

任务3　各类扳手的选用及使用技能训练

学习目标

● **知识目标**
1. 了解各类扳手的种类、规格、结构特点和用途。
2. 掌握各类扳手的选用原则，能根据维修作业需要正确选用扳手。

● **技能目标**
1. 掌握各类扳手正确规范的使用方法。
2. 会使用各类扳手对汽车相关螺栓或螺母进行拆装。
3. 能够对各类扳手进行维护保养。

建议课时：
2课时

任务描述

汽车维修作业中常常要拧转螺栓、螺母或带有螺纹的零件，扳手就是用于拆装上述零件最常用的一种工具。实际使用中，如果扳手选用不当或操作不规范，会使维修拆装作业无法完成，可能会造成零件或扳手损坏，甚至还可能引发危及人身等安全方面的事故。因此正确地选择和规范使用扳手是最基础且非常重要的汽车维修技能。

知识准备

一、各类扳手的认识

扳手是汽车修理中最常用的工具，用来拆卸螺栓、螺母。常用的扳手有呆扳手、梅花扳手、活扳手和管子扳手等，如图3-1所示。活扳手和管子扳手是以其全长（mm）来确定其规格，呆扳手、梅花扳手是以被拆卸螺栓、螺母的对边尺寸（mm）来确定其规格。

任务3 各类扳手的选用及使用技能训练

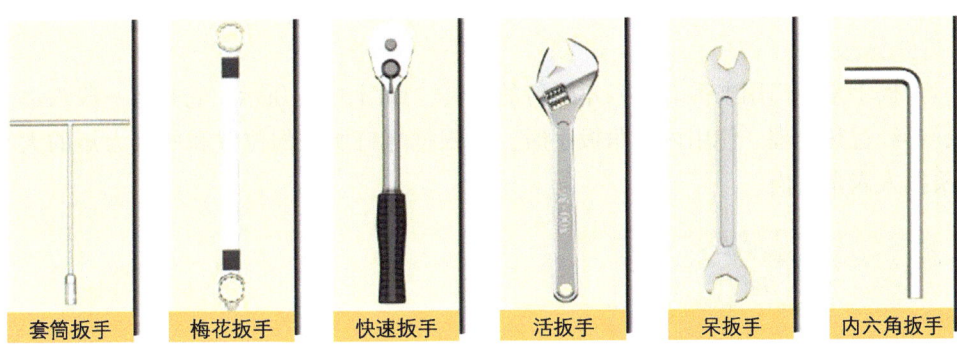

图3-1 常见扳手

1. 呆扳手

呆扳手按形状有双头和单头扳手之分,如图3-2所示。呆扳手用来紧固或拆卸标准规格的螺栓和螺母。这种扳手可以直接插入,使用较方便。扳手的开口方向与其中间柄部错开一定角度,通常有15°、45°、90°,借以增加扳手的旋转角度,以便实现受限部位螺栓与螺母的拆装,如图3-3所示。一般的呆扳手通常是8件或10件为一套。它的适用范围是6～24mm或6～32mm。

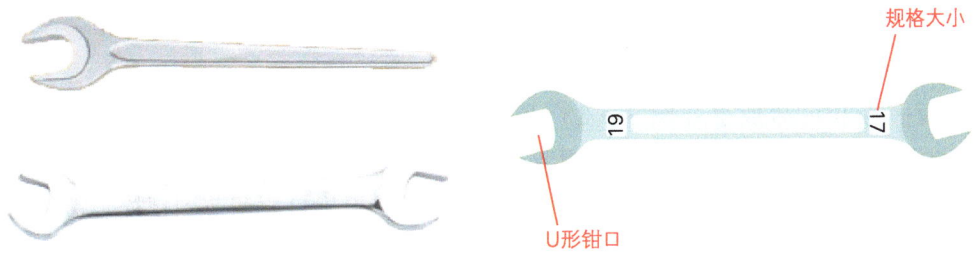

图3-2 单、双头呆扳手　　　　　图3-3 呆扳手构造

2. 梅花扳手

梅花扳手俗称眼睛扳手（图3-4、图3-5）。它的用途和呆扳手相似,所不同的是两端为花环状的,其孔壁一般为十二边形,可将螺栓和螺母头部套住。其特点是力矩大,工作可靠,不易滑脱,适用于螺栓或螺母周围空间狭小的场合,梅花扳手通常是8件为一套。它的适用范围是5.5～27mm或6～32mm。

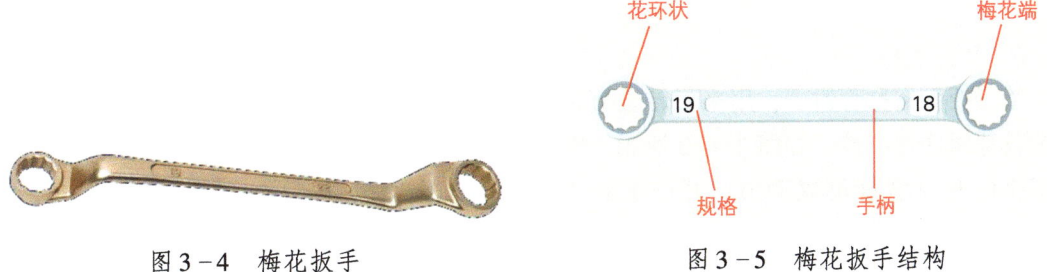

图3-4 梅花扳手　　　　　图3-5 梅花扳手结构

3. 内六角扳手

内六角扳手是专门用来拆装内六角螺钉的工具，如图 3-6 所示。它是将一段六边形的钢料打弯，再经过热处理。使用内六角扳手时，可根据螺钉所处的位置和所需力矩的大小，将任意一头插入六角孔内。

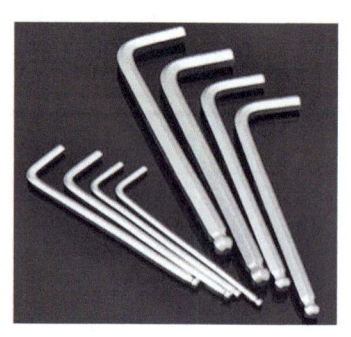

图 3-6 内六角扳手

4. 钩子扳手

钩子扳手的形状如图 3-7 所示。它是用来转动圆周上开有槽口的圆螺母的一种扳手。

5. 活扳手

活扳手有开口活扳手（图 3-8）和猴式活扳手（图 3-9）两种。它的开口宽度可以调节，因此，凡在开口宽度尺寸内的螺栓、螺母都适用。使用活扳手时，扳手口要调节到螺栓、螺母的对边尺寸，扳手的可动部分承受"推力"，固定部分承受"拉力"，且用力应均匀。活扳手的优点是应适应不规则的螺栓、螺母，故使用范围较大；缺点是其一面可以活动，不太稳固，使用时容易滑脱。当拆装重型工件时，可使用猴式活扳手。

图 3-7 钩子扳手

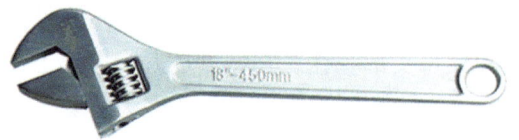

图 3-8 开口活扳手

图 3-9 猴式活扳手

6. 管子扳手

管子扳手俗称管钳子，用来扳转金属管子或其他圆柱形工件，如图 3-10 所示。管子扳手的开口宽度可以调节，开口上有齿槽，工作时会将工件表面咬毛，应尽量避免用它来拆装螺栓、螺母，以免损坏。

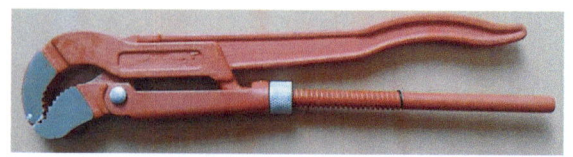

图 3-10 管子扳手

7. 油管扳手

油管扳手用于拆装油管外加螺母,是介于梅花扳手与呆扳手之间的一种扳手,有缺口,在管子上进退自如,使用方便,是维修必备工具,它集中了梅花扳手与呆扳手的优点,如图 3-11 所示。用油管扳手拆装管路的接头时能保护螺栓的棱角,可从一侧插入实施拆装作业,如图 3-12 所示。

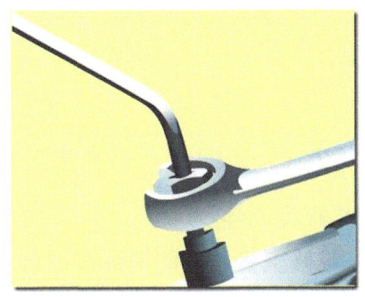

图 3-11 油管扳手　　　　图 3-12 油管扳手的使用

二、扳手使用原则

在拆装螺栓时,应按照"先套筒扳手,后梅花扳手,再呆扳手,最后活扳手"的原则进行选取。

三、使用扳手的注意事项

(1) 使用各种扳手时,开口或梅花的规格必须同螺栓、螺母的尺寸相符合,否则容易损坏扳手和螺栓、螺母的棱角,并造成拆装困难。若扳手松旷,还容易发生滑出碰伤事故。

(2) 使用扳手前,应将手和扳手上的油污擦净,以免工作中滑脱。

(3) 使用扳手时,最好是拉动,而不要推动;若开始旋松必须推动时,也只能用手掌推动,以免螺栓、螺母突然松动而碰伤手指。其使用方法如图 3-13 所示。拉的方向应同扳手成直角,才能获得最大的力矩。

(4) 不准任意接长扳手柄(如套管子等)使用,以免折断扳手或损坏工件。

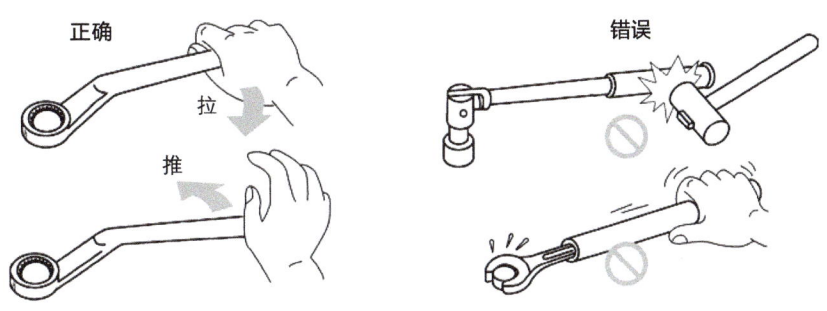

图 3-13 扳手的使用方法

(5) 不准将扳手当锤子、撬棒使用。

(6) 若使用呆扳手，开始旋松或最后旋紧螺栓、螺母时，应让较厚的扳口承受拉力。使用管子扳手时，要让扳口咬紧工作物后，再用力拉动，否则会滑脱。

(7) 扳手用完后应妥善保管，防止生锈和被酸碱腐蚀。

任务实施

一、使用梅花扳手拆卸实训台螺栓

1. 准备实训器材

汽车维修工量具技能训练实训台、螺栓及梅花扳手，如图3-14所示。

各类扳手的选用及使用技能训练

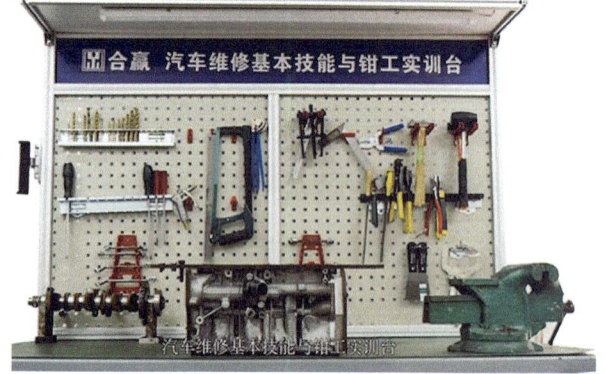
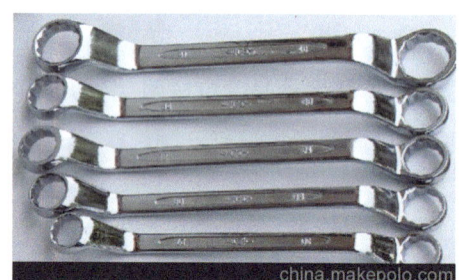

图3-14 实训器材

2. 操作步骤（图3-15）

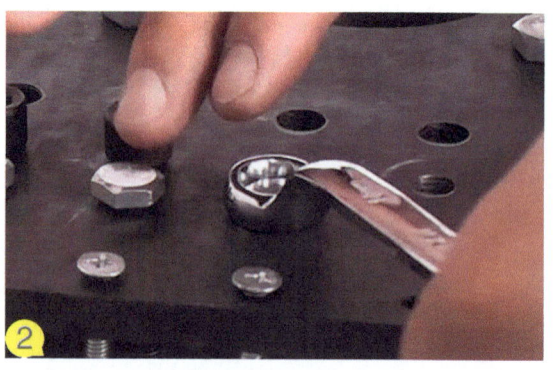

① 清洁实训台和工具，选用与拆卸螺栓尺寸一致的梅花扳手，检查确认扳手没有损坏，若有锈蚀则做除锈维护。

② 将梅花扳手套住螺栓的六角面，确认完全配合没有间隙，使螺栓的棱角与扳手平行。

图3-15 操作步骤

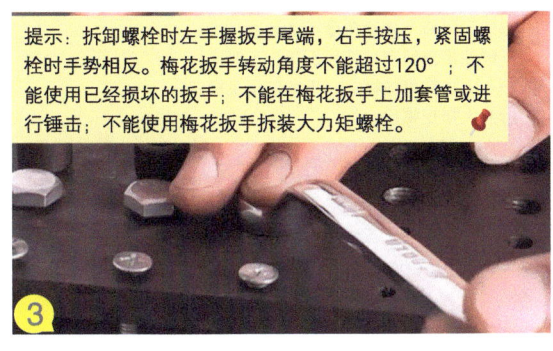

提示：拆卸螺栓时左手握扳手尾端，右手按压，紧固螺栓时手势相反。梅花扳手转动角度不能超过120°；不能使用已经损坏的扳手；不能在梅花扳手上加套管或进行锤击；不能使用梅花扳手拆装大力矩螺栓。

用一只手握紧扳手尾端，另一只手大拇指按住扳手与螺栓连接处，然后拉动扳手拧松螺栓。

图3-15 操作步骤（续）

3. 现场整理

将工具清洁干净，并按规定摆放好，清洁待测工件及检测平台，确保待测工件及检测平台清洁；将操作过程中产生的各种垃圾分类处理，保护环境。

二、使用呆扳手拧紧实训台螺栓

1. 准备实训器材

汽车维修工量具技能训练实训台、螺栓、呆扳手，如图3-16所示。

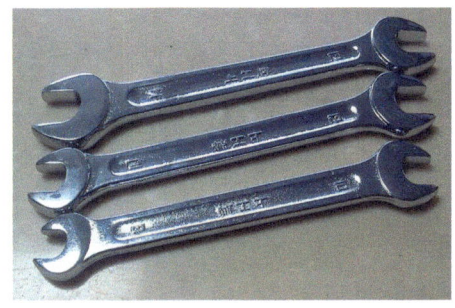

图3-16 实训器材

2. 操作步骤（图3-17）

清洁实训台和工具，选用与拆卸螺栓尺寸一致的呆扳手，检查确认扳手没有损坏，若有锈蚀则做除锈维护。

图3-17 操作步骤

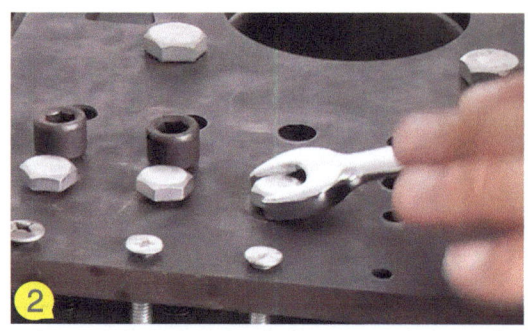
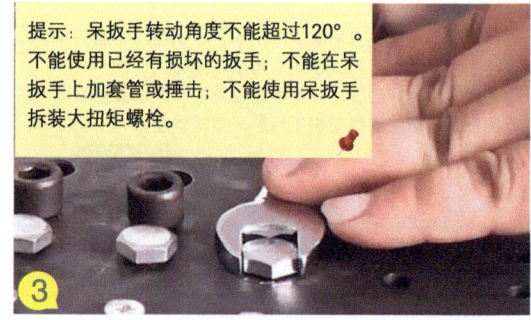

将呆扳手套住螺栓的六角面,确认完全配合没有间隙,使螺栓的棱角与扳手平行。

提示:呆扳手转动角度不能超过120°。不能使用已经有损坏的扳手;不能在呆扳手上加套管或捶击;不能使用呆扳手拆装大扭矩螺栓。

用一只手握扳手尾端,另一只手大拇指按住扳手与螺栓连接处,然后拉动扳手紧固螺栓。

图 3-17 操作步骤(续)

3. 现场整理

在现场将工具清洁干净,并按规定摆放好,清洁待测工件及检测平台,确保待测工件及检测平台清洁。将操作过程中产生的各种垃圾分类处理,保护环境。

三、使用内六角扳手拧松和紧固实训台螺栓

1. 准备实训器材

汽车维修工量具技能训练实训台、螺栓、内六角扳手如图 3-18 所示。

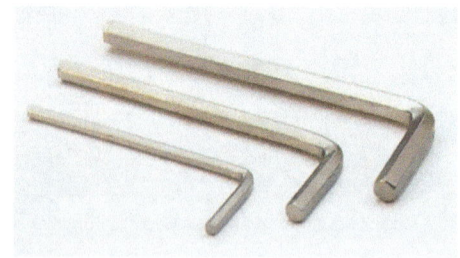

图 3-18 实训器材

2. 操作步骤(图 3-19)

清洁实训台和工具,检查确认内六角扳手没有损坏,若有锈蚀则做除锈维护。

图 3-19 操作步骤

各类扳手的选用及使用技能训练　任务3

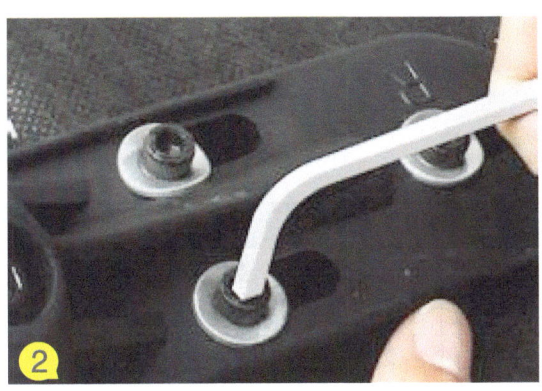

② 选取与螺栓端内方孔相适应的内六角扳手。

③ 左手持长端，右手按住扳手与螺栓连接处向身体方向拉动，逆时针拧松固定螺栓。

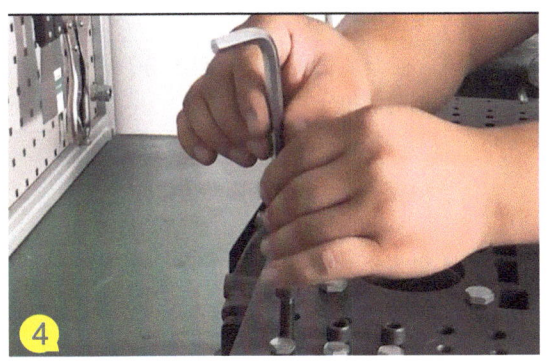

④ 螺栓拧松后，使用内六角扳手圆头快速旋出螺栓。

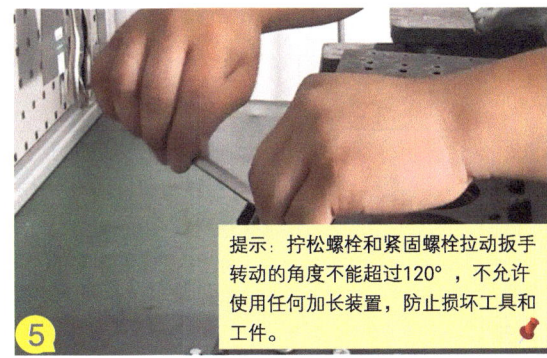

⑤ 拧紧螺栓时，右手持长端，左手按住扳手与螺栓连接处向身体方向拉动，顺时针紧固螺栓。

提示：拧松螺栓和紧固螺栓拉动扳手转动的角度不能超过120°，不允许使用任何加长装置，防止损坏工具和工件。

图3-19　操作步骤（续）

3. 现场整理

（1）将拆装使用的工具清洁干净，放进工具箱。
（2）清洁地面，确保地面清洁。
（3）将拆装过程中产生的各种垃圾分类处理，保护环境。

评价与反馈

序号	评价项目	分值	自评（30%）	互评（30%）	教师评（40%）
1	着装符合要求	10			
2	积极主动、有兴趣地参与	10			
3	查找维修手册等相关资料	10			
4	能合理规范地使用仪器和设备	15			
5	按照安全和规范的流程操作	15			
6	遵守学习、实训场地的规章制度	15			
7	能保持学习、实训场地整洁	15			
8	团结协作情况	10			

技能考核标准

技能考核项目		操作内容	规定分值	评分标准	得分
课前准备	劳动保护	个人工作服着装清洁整齐	5	个人工作服着装清洁整齐得5分，否则酌情扣分	
	集队	课前分组集队整齐迅速	5	课前分组集队整齐迅速得5分，否则酌情扣分	
任务实施及操作	场地准备	检查场地布置及设备运行用电需要	5	检查场地布置及设备运行用电需要得5分，否则酌情扣分	
	工具准备	拆装所需工具齐全	5	拆装所需工具齐全得5分，否则酌情扣分	
	使用梅花扳手拆卸实训台螺栓	1. 选择与螺栓配套的套筒或专用扳手 2. 可以规范使用工具完成操作	20	1. 选择与螺栓配套的套筒或专用扳手得5分，否则酌情扣分 2. 做好工具设备的清洁、检查得5分，漏掉一项扣1分 3. 能正确使用工具拧松指定螺栓得10分，否则酌情扣分	
	使用呆扳手拧紧实训台螺栓	1. 选择与螺栓配套的套筒或专用扳手 2. 可以规范使用工具完成操作	20	1. 选择与螺栓配套的套筒或专用扳手得5分，否则酌情扣分 2. 做好工具设备的清洁、检查得5分，漏掉一项扣1分 3. 能正确使用工具拧紧固指定螺栓得10分	
	使用内六角扳手拧松和紧固实训台螺栓	1. 选择与螺栓配套的套筒或专用扳手 2. 可以规范使用工具完成操作	20	1. 选择与螺栓配套的套筒或专用扳手得5分，否则酌情扣分 2. 做好工具设备的清洁、检查得5分，漏掉一项扣1分 3. 能正确使用工具拧松和紧固指定螺栓得10分，否则酌情扣分	
6S管理	现场管理	整个操作过程现场布局合理，按6S要求完成操作	20	整个操作过程现场布局合理，操作过程符合6S规范得20分，否则酌情扣分	
总分					

任务 4
各种钳子的选用及使用技能训练

学习目标

● 知识目标
1. 能够描述各类钳子的作用、结构。
2. 能正确区分各类钳子的应用，会正确选用各种钳子。

建议课时：
2 课时

● 技能目标
1. 会使用各类钳子进行维修作业。
2. 能够对各类钳子进行维护保养。

任务描述

钳类工具在汽车维修中是用来夹紧、紧固工件或切断材料的工具。钳子的种类很多，使用方便快捷，应用非常广泛。

知识准备

一、各种钳子的认识

钳子（图4-1）是用来夹持、扭弯及切断工作物的工具。它的种类很多，但是都有一个用于夹紧材料的部分，称之为"钳口"。钳口用杠杆控制，能够产生很大的夹紧力。钳子的刃口可用来剖切软电线的橡皮或塑料绝缘层。使用钳子应用右手操作，将钳口朝内侧，便于控制钳切部位，用小指伸在两钳柄中间来抵住钳柄，张开钳头，这样分开钳柄灵活。汽车维修作业常用的有钢丝钳、鲤鱼钳、尖嘴钳、卡簧钳和大力钳等。

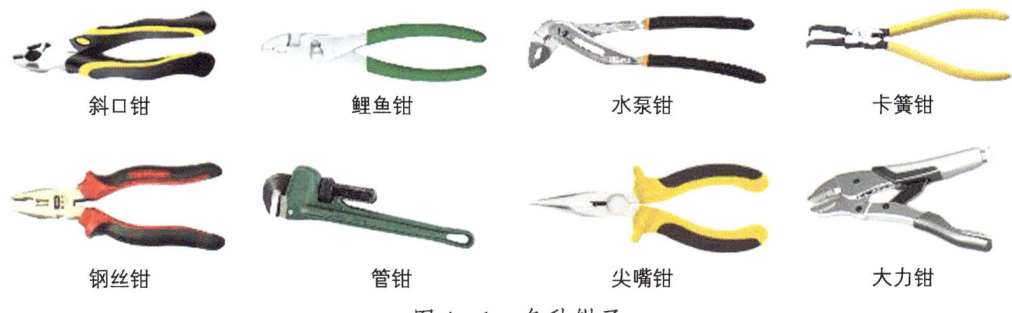

图4-1 各种钳子

1. 钢丝钳

钢丝钳是用来夹持或折断金属薄板及切断金属丝的，如图 4-2 所示。钢丝钳分为铁柄和绝缘柄两种。铁柄供一般场合使用，绝缘柄在供电场合及一般场合使用。钢丝钳由钳口、手柄等组成。

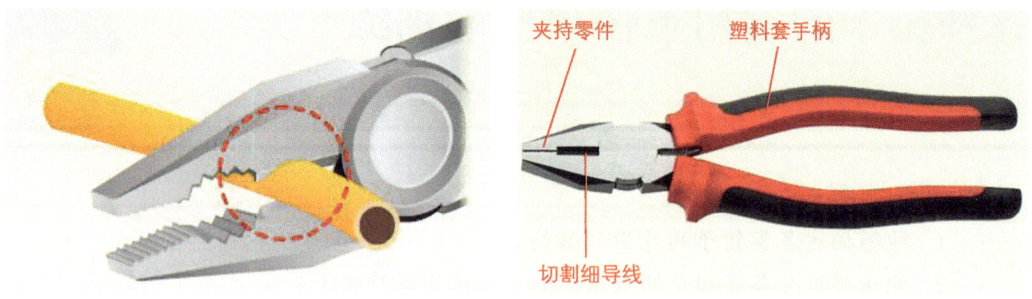

图 4-2　钢丝钳

2. 鲤鱼钳

鲤鱼钳是用来夹持圆形或扁形工作物的工具，如图 4-3 所示。它有两档尺寸，可放大或缩小使用。

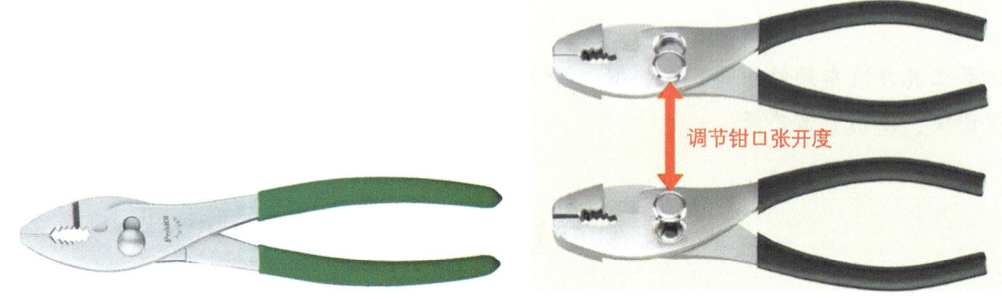

图 4-3　鲤鱼钳

3. 尖嘴钳

尖嘴钳钳口长而细，是用来在狭小的工作环境夹捏细小工件的工具，如拔开口销等，如图 4-4 所示。尖嘴钳有铁柄和绝缘柄两种，绝缘柄用于有电场合，其规格有 130mm、160mm、180mm 和 200mm 四种。

 注意： 不可用钳子代替扳手来拧紧或拧松螺母、螺栓，以免损坏螺栓棱角。

图 4-4　尖嘴钳

4. 卡簧钳

卡簧钳是一种用来安装内簧环和外簧环的专用工具，外形上属于尖嘴钳一类，钳头可采用内直、外直、内弯、外弯几种形式，不仅可以用于安装簧环，也能用于拆卸簧环。卡簧钳分为内、外卡簧钳两大类，如图4-5所示，分别用来拆装轴外用卡簧和孔内用卡簧。其中外卡簧钳又叫作轴用卡簧钳，内卡簧钳又叫作穴用卡簧钳。

 提示：卡簧（挡圈）是装在轴或孔的槽里用来对紧固件进行进一步定位和加固的弹性元件。

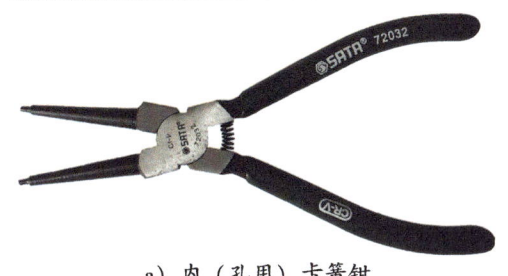 

a) 内（孔用）卡簧钳　　　　　　b) 外（轴用）卡簧钳

图4-5　卡簧钳

5. 大力钳

大力钳是用来拆装难以夹持的直径不大的圆形工件，比其他钳子的夹持力大，在维修作业中比较常用，如图4-6所示。大力钳有双杠杆作用，能通过钳爪给工件施加一个较大的夹紧力。钳爪的开口尺寸可通过手柄末端的滚花螺钉来调节。

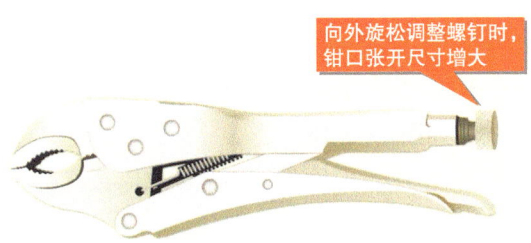

图4-6　大力钳

二、使用钳子的注意事项

（1）一般情况下，钳子的强度有限，所以不能够用它操作一般手的力量所达不到的工作。特别是型号较小的或者普通尖嘴钳，用它弯折强度大的棒料板材时都可能将钳口损坏。

（2）一般的克丝钳有三个刃口，只能够用来剪断铁丝不能够用来剪断钢丝。

（3）钳柄只能用手握，不能用其他方法加力（如用锤子打、用台虎钳夹等）。

任务实施

一、使用内、外卡簧分别取出轴和孔上的卡簧

1. 准备实训器材

汽车维修技能实训台、内、外卡簧钳、万向节、变速器轴如图4-7所示。

各种钳子的选用及使用技能训练

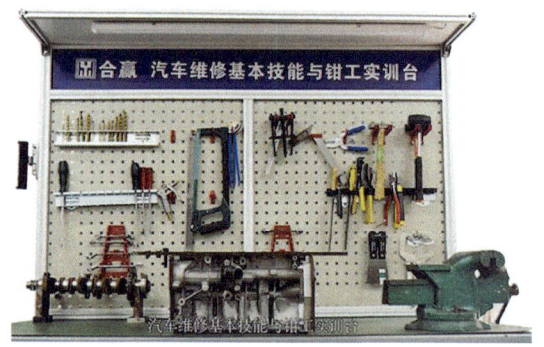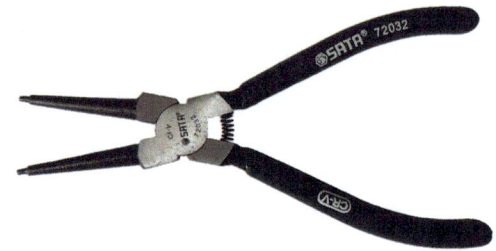

图4-7 实用器材

2. 操作步骤

（1）清洁设备和实训台，清洁并检查卡簧钳，确认卡簧钳没有损坏，若有锈蚀则做除锈维护，如图4-8所示。

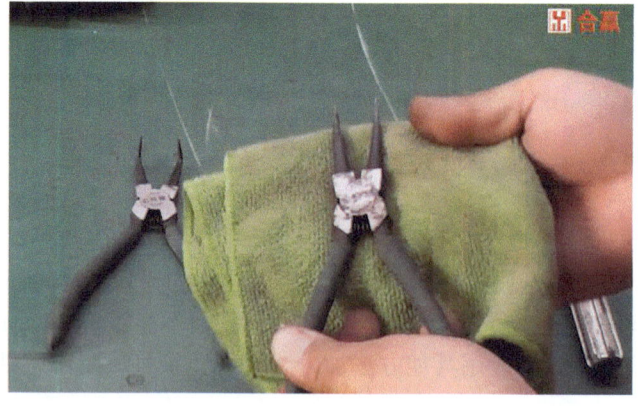

图4-8 除锈维护

（2）分别使用轴用卡簧钳和孔用卡簧钳拆出卡簧，用手握持卡簧钳柄端，将卡簧钳的前端放入卡簧孔内，慢慢地握紧手柄，分别将变速器轴上和万向节叉孔内的卡簧取下，放置在工作台上，如图4-9所示。

> ⚠ **提示：** 轴用卡簧钳装将卡簧张开从轴上取下来。孔用卡簧钳是将卡簧收缩从孔里取出。

a)   b)

图4-9 内外卡簧的拆装

（3）清洁工具、设备和工作台，并将工具放回原位，如图4-10所示。

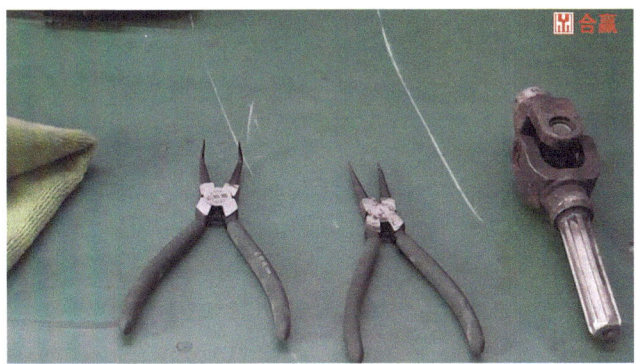

图4-10 将工具放回原位

二、用大力钳夹持油管放置到实训台上

1. 准备实训器材

汽车维修技能实训台、大力钳、油管如图4-11所示。

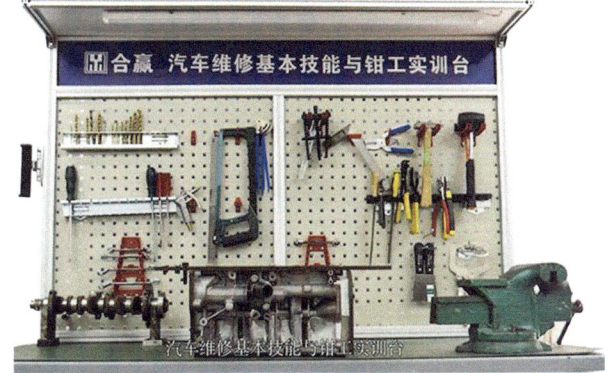
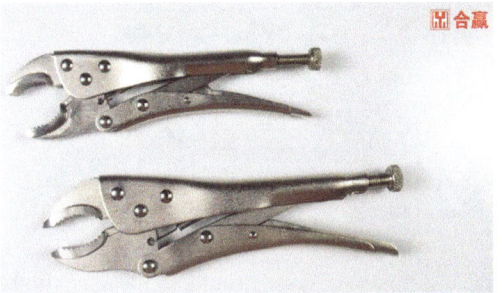

图4-11 实训器材

2. 操作步骤（图 4-12）

① 清洁设备和实训台，清洁并检查大力钳，确认没有损坏，若有锈蚀则做除锈维护。

② 旋动大力钳手柄末端的花螺钉调整大力钳钳口的大小，使之与夹持油管尺寸大小适应。

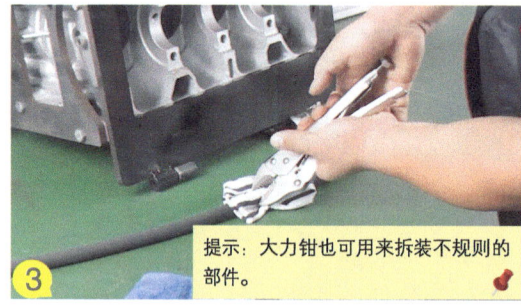

③ 用力握紧大力钳手柄，使之夹紧油管，将油管夹持放置到实训台上。

提示：大力钳也可用来拆装不规则的部件。

④ 按压释放手柄，钳口释放工件。清洁工具、设备和工作台，并放回原位。

图 4-12　操作步骤

三、使用钢丝钳将钢丝弯曲

1. 准备实训器材

汽车维修技能实训台、钢丝钳、钢丝如图 4-13 所示。

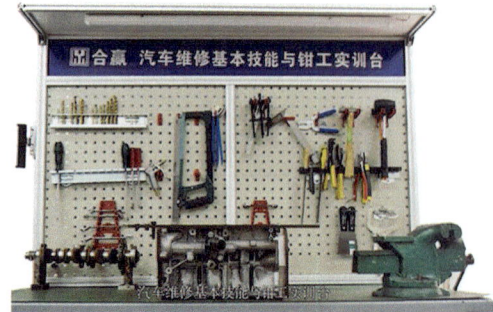  

图 4-13　实训器材

2. 操作实施（图 4-14）

（1）清洁设备和实训台，清洁并检查钢丝钳，检查钢丝钳有没有损坏，若有锈蚀则做除锈维护。

（2）紧握钢丝钳手柄夹持铁丝，并弯曲钢丝，如图 4-14 所示。

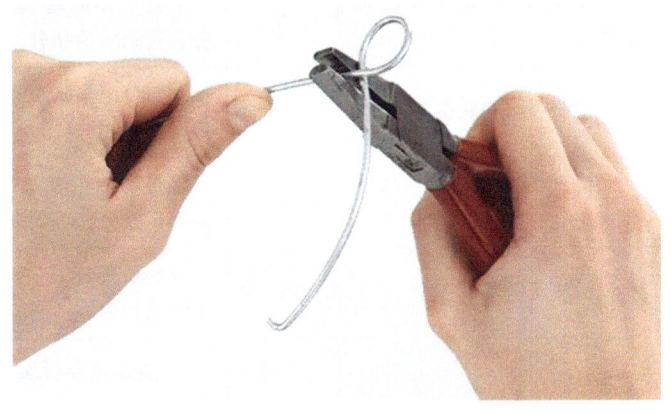

图 4-14　拧钢丝

（3）清洁工具、设备和工作台，并将工具放回原位。

3. 现场整理

（1）将拆装使用的工具清洁干净，放进工具箱。

（2）清洁地面，确保地面清洁。

（3）将拆装过程中产生的各种垃圾分类处理，保护环境。

评价与反馈

序号	评价项目	分值	自评（30%）	互评（30%）	教师评（40%）
1	着装符合要求	10			
2	积极主动、有兴趣地参与	10			
3	查找维修手册等相关资料	10			
4	能合理规范地使用仪器和设备	15			
5	按照安全和规范的流程操作	15			
6	遵守学习、实训场地的规章制度	15			
7	能保持学习、实训场地整洁	15			
8	团结协作情况	10			

汽车维修工量具使用及钳工基础技能训练

技能考核标准

技能考核项目		操作内容	规定分值	评分标准	得分
课前准备	劳动保护	个人工作服着装清洁整齐	5	个人工作服着装清洁整齐得5分，否则酌情扣分	
	集队	课前分组集队整齐迅速	5	课前分组集队整齐迅速得5分，否则酌情扣分	
任务实施及操作	场地准备	检查场地布置及设备运行用电需要	5	检查场地布置及设备运行用电需要得5分，否则酌情扣分	
	工具准备	拆装所需工具齐全	5	拆装所需工具齐全得5分，否则酌情扣分	
	使用内、外卡簧分别取出轴和孔上的卡簧	1. 能确认要拆装卡簧类型 2. 正确选择操作工具 3. 使用卡簧钳规范拆卸卡簧	25	1. 能确认要拆装卡簧类型得5分，否则酌情扣分 2. 正确选择操作工具得5分，否则酌情扣分 3. 做好工具设备的清洁、检查得5分，漏掉一项扣1分 4. 能正确使用卡簧钳，规范拆卸卡簧得10分，否则酌情扣分	
	用大力钳夹持油管	1. 正确选择操作工具 2. 能规范使用大力钳	20	1. 正确选择操作工具得5分，否则酌情扣分 2. 做好工具设备的清洁、检查得5分，漏掉一项扣1分 3. 能正确使用和规范使用大力钳得10分，否则酌情扣分	
	使用钢丝钳将钢丝弯曲	1. 正确选择操作工具 2. 能规范使用钢丝钳	15	1. 正确选择工具，做好工具设备的清洁、检查得5分，否则酌情扣分 2. 能正确使用和规范使用钢丝钳得10分，否则酌情扣分	
6S管理	现场管理	整个操作过程现场布局合理，按6S要求完成操作	20	整个操作过程现场布局合理，操作过程符合6S规范得20分，否则酌情扣分	
总分					

任务 5
各类螺钉旋具的选用及使用技能训练

学习目标

- **知识目标**
  1. 了解各类螺钉旋具的种类、规格,能正确区分各类螺钉旋具。
  2. 能够描述各类螺钉旋具的作用、结构。

建议课时:
2 课时

- **技能目标**
  1. 能正确选用各类螺钉旋具,掌握各类螺钉旋具正确的操作。
  2. 能够对各类螺钉旋具进行维护保养。
  3. 能够利用各类螺钉旋具对汽车相关螺栓进行拆装。

任务描述

螺钉旋具是用来拧紧或旋松带槽螺钉的工具,在汽车拆装作业中会经常使用到。若使用生疏不熟练,操作时螺钉旋具可能会伤到手,或者损坏螺钉,因此汽车修理作业正确选择使用螺钉旋具是一项重要的基本技能。

知识准备

一、常用螺钉旋具的认识与应用

螺钉旋具俗称"螺纹刀""改锥"或者"起子",是一种手动工具(图 5-1),主要用于旋动头部带一字或十字凹槽螺栓和螺钉,柄部由木材或塑料制成(图 5-2)。

图 5-1 螺钉旋具

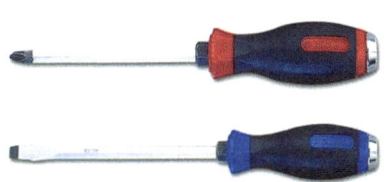

图 5-2 一字、十字形螺钉旋具

内六角螺钉旋具如图5-3所示。

二、螺钉旋具选用原则

选用螺钉旋具时，要使螺钉旋具头部的形状尺寸和作业的螺钉槽部形状大小配合，如一字的螺钉要选择一字螺钉旋具，十字的螺钉必须选择十字螺钉旋具，其间还要注意选择合适大小的螺钉旋具，如果螺钉旋具的头部厚于螺钉槽，则无法旋入或容易损坏螺钉，若太薄则使其容易损坏或扭曲。

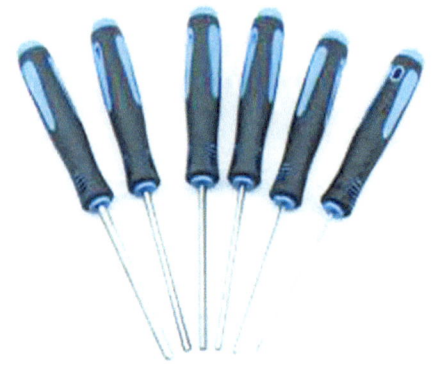

图5-3　内六角螺钉旋具

三、使用螺钉旋具的注意事项

使用时，用手握持旋具，手心抵住旋具柄端，让旋具口端与螺钉槽口处于垂直吻合状态。

当开始拧松或最后拧紧时，应用力将旋具压紧后再用手腕力扭转旋具。

当螺钉松动后，即可使手心轻压住旋具柄，用拇指、中指和食指快速扭转。

使用时，应注意选择与螺钉槽相同且大小规格相应的螺钉旋具。

使用较长的螺钉旋具时，可用右手压紧和转动旋具柄，左手握在旋具柄中部，防止旋具滑脱，以保证安全工作。

使用完毕，应将旋具擦拭干净。

四、特殊螺钉旋具的认识与应用

1. 通心螺钉旋具

通心螺钉旋具的金属杆贯穿整个手柄，可通过尾部的捶击，达到对螺钉的冲击效果，如图5-4所示。

2. 方柄螺钉旋具

可使用开口扳手进行辅助拧动，主要用在需要大力矩拆装的地方，如图5-5所示。

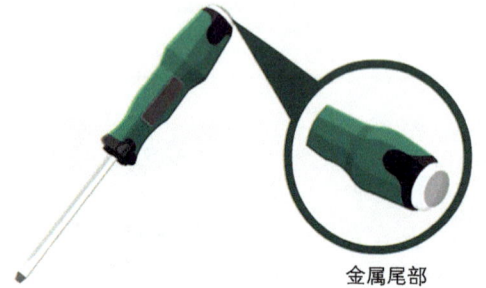

图5-4　通心螺钉旋具

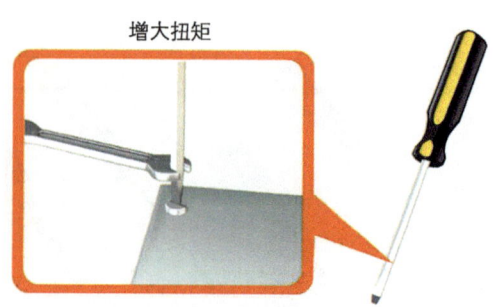

图5-5　方柄螺钉旋具

3. 冲击螺钉旋具

冲击螺钉旋具也称锤击螺钉旋具，如图5-6所示，依靠瞬间产生极大的力矩来旋转螺栓的特殊螺钉旋具。冲击螺钉旋具采用特殊的淬火钢制成，可承受较大的冲击载荷，配有常用的十字、一字和内六方冲击头，主要用来松动锈死或者被冷焊住的螺栓，需要施加较大的力矩才能打动，可利用冲击螺钉旋具施加瞬间冲击力达到拆卸的目的，也可以用于最终紧固螺栓。

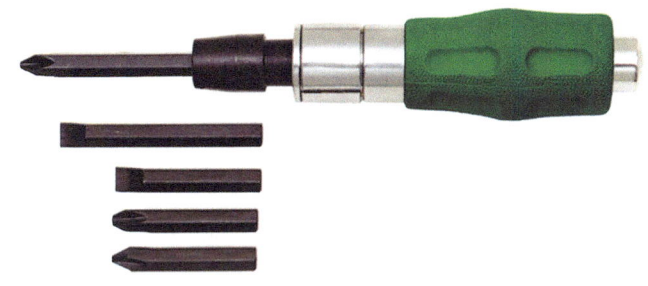

图5-6 冲击螺钉旋具

冲击螺钉旋具手柄顺时针旋到底，锤击时螺钉旋具的旋转方向为逆时针；反之，则为顺时针。用锤子击打冲击螺钉旋具后部，冲击螺钉旋具即可对螺钉实施冲击力，达到对螺钉松动的目的。

任务实施

一、使用十字螺钉旋具旋松螺钉

1. 准备实训器材

汽车维修工量具技能训练实训台、十字螺钉旋具如图5-7所示。

各类螺钉旋具的选用及使用技能训练

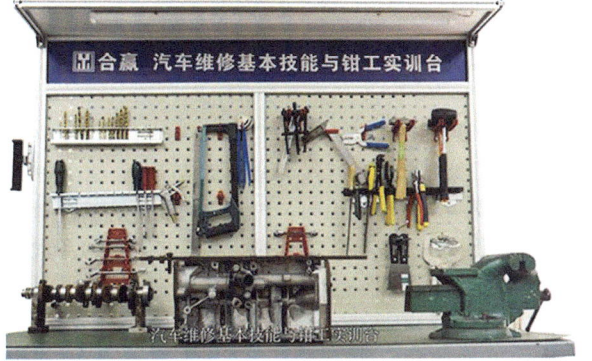
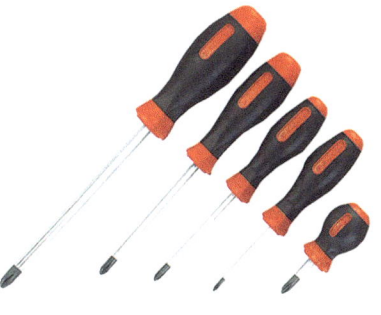

图5-7 实训器材

2. 操作步骤（图5-8）

清洁实训台和工具。

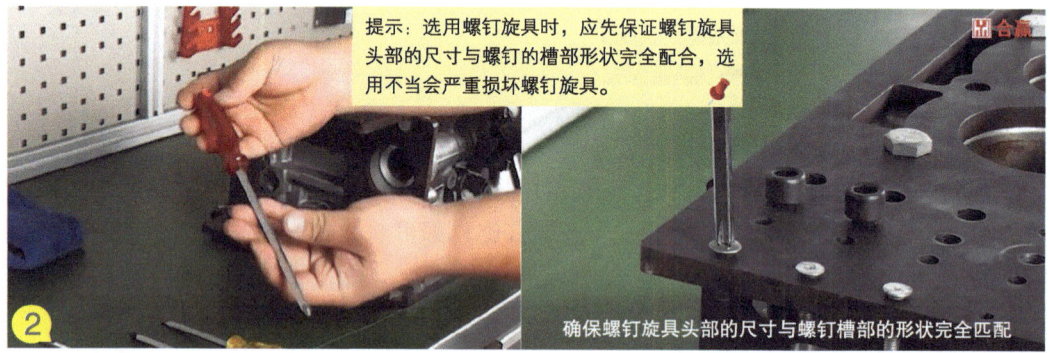

根据要拆装的螺钉头部尺寸选用大小合适的十字螺钉旋具，检查十字螺钉旋具，确认选用螺钉旋具有没有损坏，若有锈蚀则做除锈维护。

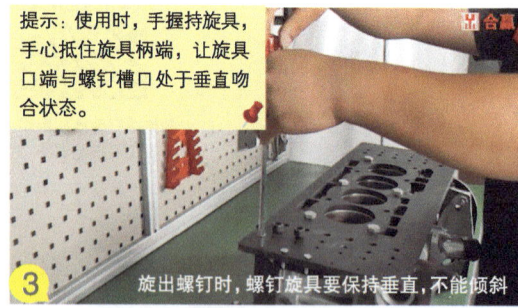

用十字螺钉旋具逆时针旋转对应的十字螺钉。当开始拧松应用力将旋具压紧后再用手腕力扭转旋具。当螺钉松动后，即可使手心轻压住旋具柄，用拇指、中指和食指快速扭转。

将操作所用到的螺钉旋具清洁干净，并按规定摆放好。清洁待测工件及检测平台，确保待测件及检测台清洁。将操作过程中产生的各种垃圾分类处理。

图5-8 操作步骤

二、使用一字螺钉旋具拧紧螺钉

1. 准备实训器材

汽车维修工量具技能训练实训台、一字螺钉旋具如图 5-9 所示。

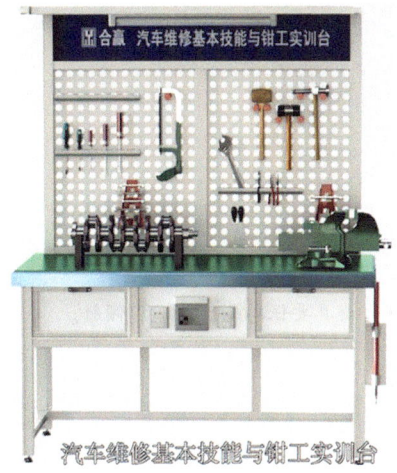
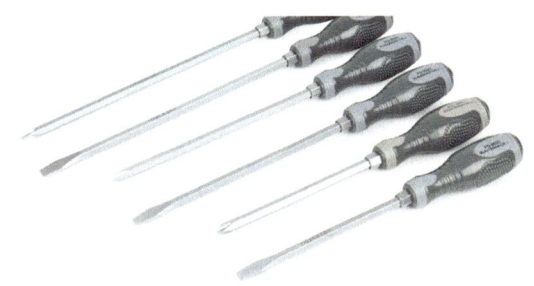

图 5-9　实训器材

2. 操作步骤（图 5-10）

① 清洁实训台和工具。

② 提示：选用螺钉旋具时，应先保证螺钉旋具头部的尺寸与螺钉的槽部形状完全配合，选用不当会严重损坏螺钉旋具。

确保螺钉旋具头部的尺寸与螺钉槽部的形状完全匹配

根据要拆装的螺钉头部尺寸选用大小合适的一字螺钉旋具，检查一字螺钉旋具，确认选用螺钉旋具有没有损坏，若有锈蚀则做除锈维护。

图 5-10　操作步骤

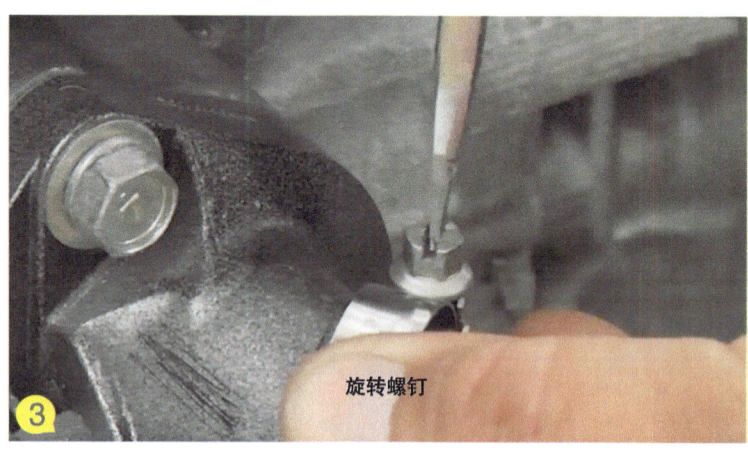

用一字螺钉旋具顺时针旋转对应的一字螺钉，旋紧螺钉时，螺钉旋具要保持垂直，不能倾斜。

提示：使用时，手握持旋具，手心抵住旋具柄端，让旋具口端与螺钉槽口处于垂直吻合状态。当最后拧紧时，应用力将旋具压紧后再用手腕力扭转旋具。

图 5-10 操作步骤（续）

3．现场整理

（1）将拆装使用的工具清洁干净，放进工具箱。

（2）清洁地面，确保地面清洁。

（3）将拆装过程中产生的各种垃圾，分类处理，保护环境。

三、使用冲击螺钉旋具拆卸过紧螺钉

1．准备实训器材

汽车维修工量具技能训练实训台、常规工具、冲击螺钉旋具如图 5-11 所示。

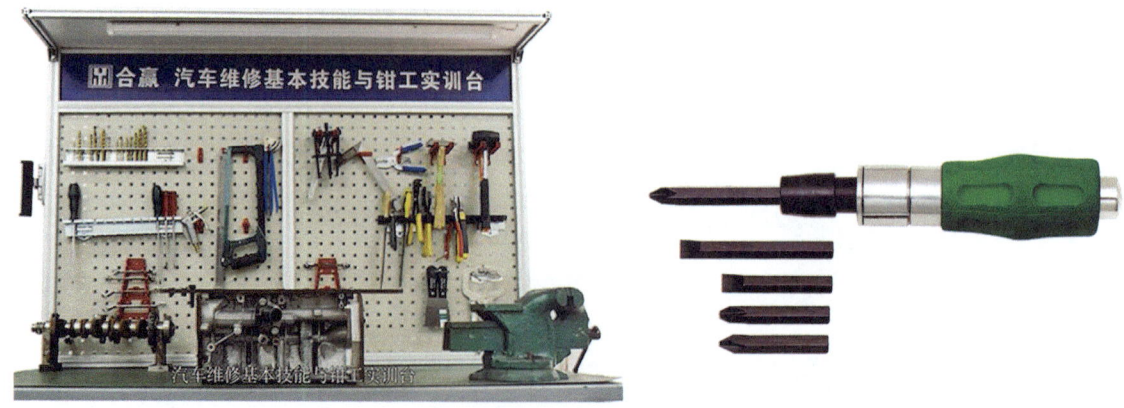

图 5-11 实训器材

2. 操作步骤

（1）清洁实训台和工具。

（2）根据要拆装的螺钉头部尺寸选用大小合适的螺钉旋具头部的形状，检查选用的螺钉旋具，确认选用螺钉旋具有没有损坏，若有锈蚀则做除锈维护。

（3）使用时先将螺钉旋具旋转方向调整好，使力口对准螺钉或螺栓的头部，用锤子锤击冲击螺钉旋具的后部，达到使螺钉或螺栓松动的目的。

 提示：在冲击螺钉旋具时，一定要注意锤击时的旋转方向。若冲击螺钉旋具的头部可以旋转，则可以先把冲击螺钉旋具的手柄顺时针旋转到底，锤击时冲击螺钉旋具的旋转方向为逆时针；反之，锤击时冲击螺钉旋具的旋转方向为顺时针。

3. 现场整理

（1）将拆装使用的工具清洁干净，放进工具箱。

（2）清洁地面，确保地面清洁。

（3）将拆装过程中产生的各种垃圾，分类处理，保护环境。

评价与反馈

序号	评价项目	分值	自评（30%）	互评（30%）	教师评（40%）
1	着装符合要求	10			
2	积极主动、有兴趣地参与	10			
3	查找维修手册等相关资料	10			
4	能合理规范地使用仪器和设备	15			
5	按照安全和规范的流程操作	15			
6	遵守学习、实训场地的规章制度	15			
7	能保持学习、实训场地整洁	15			
8	团结协作情况	10			

汽车维修工量具使用及钳工基础技能训练

技能考核标准

技能考核项目		操作内容	规定分值	评分标准	得分
课前准备	劳动保护	个人工作服着装清洁整齐	5	个人工作服着装清洁整齐得5分，否则酌情扣分	
	集队	课前分组集队整齐迅速	5	课前分组集队整齐迅速得5分，否则酌情扣分	
任务实施及操作	场地准备	检查场地布置及设备运行用电需要	5	检查场地布置及设备运行用电需要得5分，否则酌情扣分	
	工具准备	拆装所需工具齐全	5	拆装所需工具齐全得5分，否则酌情扣分	
	使用十字螺钉旋具旋松螺钉	1. 正确选择操作工具 2. 能规范使用螺钉旋具	20	1. 正确选择操作工具得5分，否则酌情扣分 2. 做好工具设备的清洁、检查得5分，漏掉一项扣1分 3. 能正确使规范使用螺钉旋具得10分，否则酌情扣分	
	使用一字螺钉旋具拧紧螺钉	1. 正确选择操作工具 2. 能规范使用螺钉旋具	20	1. 正确选择操作工具得5分，否则酌情扣分 2. 做好工具设备的清洁、检查得5分，漏掉一项扣1分 3. 能规范使用螺钉旋具得10分，否则酌情扣分	
	使用冲击螺钉旋具拆卸过紧螺钉	1. 正确选择安装工具 2. 能规范使用冲击螺钉旋具完成操作	20	1. 正确选择安装冲击螺钉旋具头部得5分，否则酌情扣分 2. 选择冲击螺钉旋具转动方向正确得5分，否则酌情扣分 3. 能规范使用冲击螺钉旋具得10分，否则酌情扣分	
6S管理	现场管理	整个操作过程现场布局合理，按6S要求完成操作	20	整个操作过程现场布局合理，操作过程符合6S规范得20分，否则酌情扣分	
总分					

044

任务 6
电动工具及气动工具的选用及使用技能训练

学习目标

- **知识目标**
  1. 了解电动工具及气动工具的种类、规格。
  2. 能够描述电动及气动工具的作用、结构。

- **技能目标**
  1. 能根据使用需要正确选用电动工具及气动工具,掌握电动工具及气动工具使用的注意事项。
  2. 会用电动工具及气动工具对汽车零件进行拆装。
  3. 能够对电动及气动工具进行维护保养。

建议课时:
2 课时

任务描述

现在对汽车维修人员的综合素质要求越来越高,维修任务中必须使用多种的工具完成作业,除常见的手动工具外,电动及气动工具在汽车拆装过程中越来越受到青睐,其结构轻巧,使用方便,相比手动工具可提高生产效率数倍到数十倍。汽车维修中常见的电动及气动工具有手电钻、砂轮机、气动扳手、气动棘轮扳手等。

知识准备

一、电动工具及气动工具的认识

1. 手电钻概述及应用

手电钻是以交流电源或直流电池为动力的钻孔工具,是手持式电动工具的一种,如图 6-1 所示。

手电钻是电动工具行业销量最大的产品,广泛用于建筑、装修、家具等行业,用于物件上开孔或洞穿物体,有的行业也称为电锤。

手电钻主要由钻夹头、输出轴、齿轮、转子、定子、机壳、开关和电缆线构成。

图 6-1 手电钻

手电钻（手枪钻）用于金属、木材、塑料等材料的钻孔。当装有正反转开关和电子调速装置后，可用来作电动螺丝刀。有的型号配有充电电池，可在一定时间内，在无外接电源的情况下正常工作。

特殊型号：直角电钻——适合在狭窄工作空间使用（电钻机头与机身呈90°，所需工作空间减小）。

2. 砂轮机概述及应用

台式砂轮机主要对普通小零件进行磨削，清理毛刺及铸件清理等工作，也可作为对普通刀刃具进行修磨之用，如图6-2所示。台式砂轮机可使用在海拔不超过1 000m，周围相对空气湿度不大于95%，周围最高环境温度不超过40℃的湿热带区域。

台式砂轮机安装地点：台式砂轮机的开口方向应尽可能朝向墙，不能正对着人行通道或附近有设备及操作的人员。如果台式砂轮机已安装在设备附近或通道旁，在距砂轮机开口处1～1.5m处应设置高1.8m金属网加以屏蔽隔离。台式砂轮机不得安装在有腐蚀性气体或易燃易爆场所内。台式砂轮机安装场所应保持地面干燥。台式砂轮机使用现场应保证足够的照度。

手持式砂轮机是一种由砂轮、手柄、外壳等构成，用于去除多余的焊肉、铁锈等为目的的常用普通打磨工具，如图6-3所示。它广泛运用在各工业领域。由于多数砂轮机是手持式工具，工作质量的好坏和安全很大程度上取决于操作人员的能力和经验。新砂轮片应保存于靠近打磨作业场所干燥的环境中。运送过程必须非常小心，不能扔或磕碰任何物体。如果砂轮片曾经被摔过或重击过，绝对不能使用，即使砂轮片表面没有明显破损。如果砂轮片破损严重或有裂纹，必须立即更换。打磨用砂轮片是由不同类型的研磨材料制成，按照重量、尺寸、中心孔径和转速进行分类，这些信息可在砂轮片上获得。打磨用砂轮片只能用于打磨，不能用于切割材料，而且只能使用研磨面，不能使用背面。切割用砂轮片是按照尺寸、中心孔径和厚度分类，这些信息也可在砂轮片上获得。切割用砂轮片也只能用于切割，不能用于研磨，并且只能使用边缘。

图6-2 台式砂轮机

图6-3 手持式砂轮机

3. 气动扳手概述及应用

气动扳手是一种用于快速拆装螺栓或螺母的操作工具。根据所拆卸的螺栓扭矩大小不同，所采用的气动工具也不相同。常见的气动扳手有冲击扳手和气动棘轮扳手两种，如图6-4所示。

电动工具及气动工具的选用及使用技能训练 **任务6**

图 6-4　气动扳手

任务实施

一、使用气动扳手拆装螺栓

1. 准备实训器材

汽车维修工量具技能训练实训台、气动扳手如图 6-5 所示。

电动工具及气动工具的
选用及使用技能训练

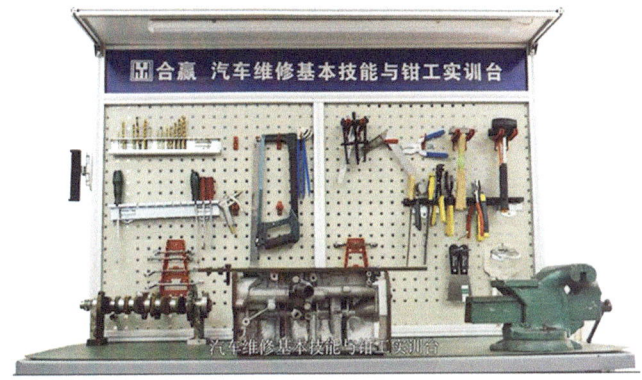

图 6-5　实训器材

2. 操作步骤（图 6-6）

① 清洁实训台、设备和工具

② 选用合适的气动扳手及套筒，清洁并检查气动扳手，确认扳手有没有损坏。

图 6-6　操作步骤

汽车维修工量具使用及钳工基础技能训练

③ 连接压缩空气管路。

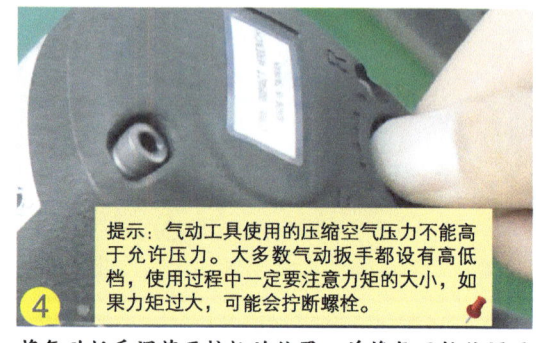

提示：气动工具使用的压缩空气压力不能高于允许压力。大多数气动扳手都设有高低档，使用过程中一定要注意力矩的大小，如果力矩过大，可能会拧断螺栓。

④ 将气动扳手调节至拧松的位置，并将气压档位调至合适位置。

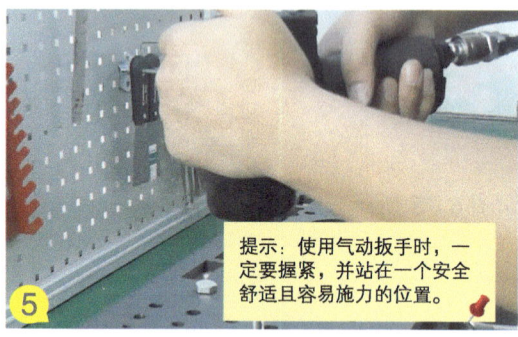

提示：使用气动扳手时，一定要握紧，并站在一个安全舒适且容易施力的位置。

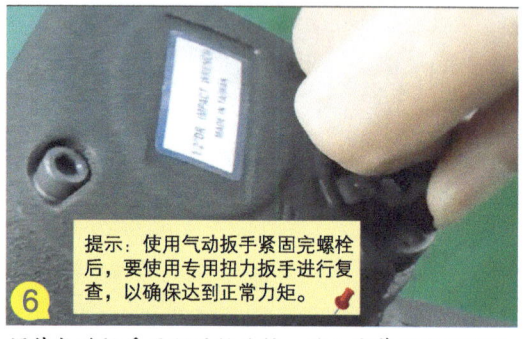

提示：使用气动扳手紧固完螺栓后，要使用专用扭力扳手进行复查，以确保达到正常力矩。

⑥ 调节气动扳手至顺时针旋转，旋入安装固定好螺栓。

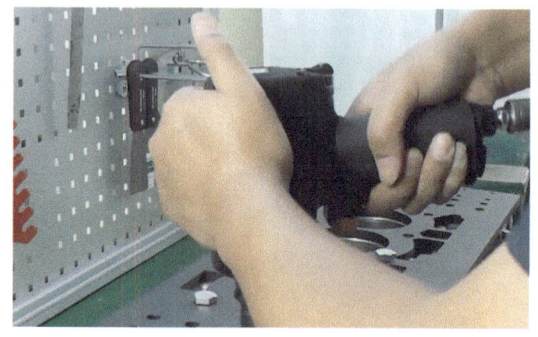

将气动扳手套压在要拆卸的螺栓上，按下气动扳手开关，在气压的作用下，使套筒带动螺栓、螺母自动旋拧，旋出固定螺栓。

⑦ 断开压缩空气管路。

图 6-6 操作步骤（续）

3. 现场整理

（1）将拆装使用的工具清洁干净，放进工具箱。

（2）清洁地面，确保地面清洁。
（3）将拆装过程中产生的各种垃圾分类处理，保护环境。

二、用手持式轮砂机切割铝管

1. 准备实训器材

汽车维修工量具技能训练实训台、手持式轮砂机、铝管如图6-7所示。

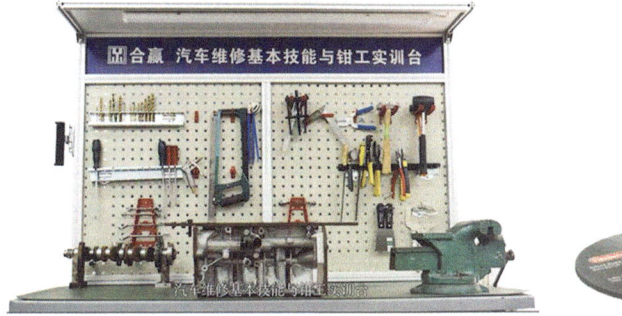

图6-7 实训器材

2. 操作步骤（图6-8）

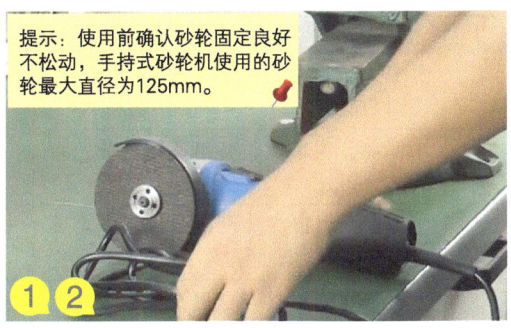

①② 清洁实训台、设备和工具；选用合适的手持式轮砂机，清洁并检查手持式轮砂机。

③ 连接电源，并检查砂轮机能否正常工作。

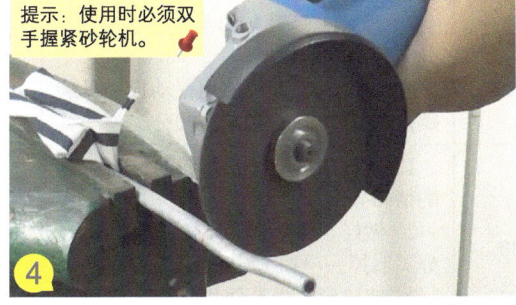

④ 将铝管用台虎钳夹紧，使用砂轮机切断铝管。

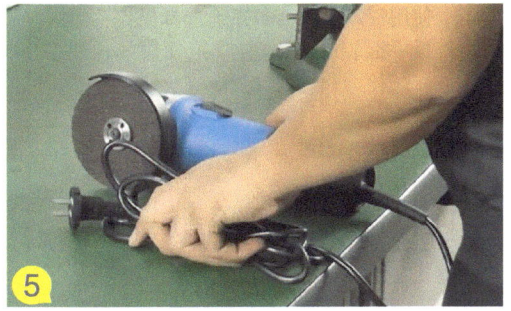

⑤ 关闭砂轮机，并断开电源。

图6-8 操作步骤

3. 现场整理

（1）将拆装使用的工具清洁干净，放进工具箱。

(2) 清洁地面，确保地面清洁。

(3) 将拆装过程中产生的各种垃圾，分类处理，保护环境。

评价与反馈

序号	评价项目	分值	自评（30%）	互评（30%）	教师评（40%）
1	着装符合要求	10			
2	积极主动、有兴趣地参与	10			
3	查找维修手册等相关资料	10			
4	能合理规范地使用仪器和设备	15			
5	按照安全和规范的流程操作	15			
6	遵守学习、实训场地的规章制度	15			
7	能保持学习、实训场地整洁	15			
8	团结协作情况	10			

技能考核标准

技能考核项目		操作内容	规定分值	评分标准	得分
课前准备	劳动保护	个人工作服着装清洁整齐	5	个人工作服着装清洁整齐得5分，否则酌情扣分	
	集队	课前分组集队整齐迅速	5	课前分组集队整齐迅速得5分，否则酌情扣分	
任务实施及操作	场地准备	检查场地布置及设备运行用电需要	5	检查场地布置及设备运行用电需要得5分，否则酌情扣分	
	工具准备	拆装所需工具齐全	5	拆装所需工具齐全得5分，否则酌情扣分	
	使用气动扳手拆装螺栓	1. 正确选择操作工具 2. 能规范使用气动扳手拆装螺栓	30	1. 正确选择操作工具得5分，否则酌情扣分 2. 做好工具设备的清洁、检查得5分，漏掉一项扣1分 3. 能正确、规范使用气动扳手拆装螺栓得20分，否则酌情扣分	
	用手持式轮砂机切割铝管	1. 正确选择操作工具 2. 能规范使用手持式轮砂机切割铝管	30	1. 正确选择操作工具得5分，否则酌情扣分 2. 做好工具设备的清洁、检查得5分，漏掉一项扣1分 3. 能正确、规范使用手持式轮砂机切割铝管得20分，否则酌情扣分	
6S管理	现场管理	整个操作过程现场布局合理，按6S要求完成操作	20	整个操作过程现场布局合理，操作过程符合6S规范得20分，否则酌情扣分	
总分					

任务7
各种压具和拉具的选用及使用技能训练

学习目标

● 知识目标
1. 了解各种压具和拉具的种类、规格。
2. 掌握各种压具和拉具的使用方法。

建议课时：
2 课时

● 技能目标
1. 能正确选用压具和拉具，掌握各种压具和拉具使用的注意事项。
2. 会用各种压具和拉具对轴承进行拆装。
3. 能够对压具和拉具进行维护保养。

任务描述

压具和拉具是汽车修理中最常用的一种工具，主要用于拆装过盈量大的精密零件。如果选用不当或使用不当，会造成零件损坏。

知识准备

一、汽车维修常用拉具的认识

1. 拉拔器

许多精密的齿轮和轴承安装到轴或壳体上时都有一点过盈配合（压力配合）。拆卸齿轮和轴承时必须小心，撬动或锤打可能使零件断裂或黏合。需要用力拆卸齿轮和轴承时，应当使用带有合适钳爪的拉器，即拉拔器。

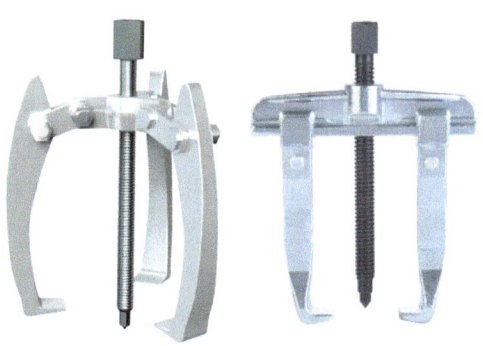

图 7-1 拉拔器

拉拔器俗称扒子，汽车维修中主要用于轴承的拆装，为了适应内外牵拉，设计了多种拉器，常见的拉拔器有两爪和三爪两种类型，如图7-1所示。

有些拉器固定在滑锤的一端，如图7-2所示，用于拆卸轻微压力配合的零件。在拉器的钳爪被拆卸零件卡牢以后，滑锤在重力作用下向后滑动，给手柄施加反向作用力，产生的拉力和冲击力将零件从孔中拉出。

051

2. 常用拉拔器的构造

拉拔器的结构由拉臂和中心螺杆组成，螺杆前端加工为锥形，后端有供扳手拧动的内六角，如图7-3所示。

图7-2 滑锤

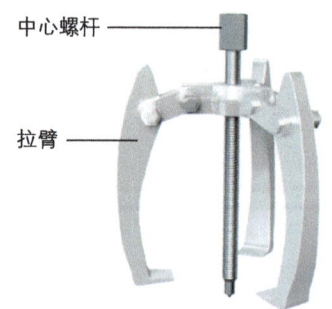

图7-3 拉拔器结构

二、汽车维修常用压具的认识

1. 压床

在许多汽车维修作业中，都需要使用动力来拆卸和装配过盈配合的零部件，如拆卸和安装活塞销、维修轴承、压制动鼓和柱销、组装变速器总成。压床可以用液力、电力、气压或人力来驱动，压床的压力取决于其尺寸和结构，最高压力可以达到150t。小型的门架式和悬臂式压床可以固定在工作台上或底座上，大型冲床则是独立的或固定在地基上，如图7-4所示。

图7-4 落地式液压压床

2. 落地式液压压床安全操作规程

（1）使用前应检查压力缸、压力表、操纵手柄、支架等技术状况是否良好，安全保护装置是否正常，工作台是否清洁。

（2）工件应放置平稳后方可施压加工。在加压过程中发现工件松动滑移应立即停止加压，松压校正后再继续加工。

（3）在施压状态下，严禁调整、敲打工件，谨防工件弹出伤人。

（4）不得超负荷使用压力机；不准对长条形工件直立进行施压加工，以免工件弹出伤人。

（5）工作完后应将支撑垫块放回适当位置并清除杂物，清洁润滑压床各部位，必要时加注液压油。

任务实施

变速器轴承的拆卸和安装

1. 准备实训器材

汽车维修工量具技能训练实训台、两脚拉码、液压千斤顶压床如图7-5所示。

各种压具和拉具的选用及使用技能训练

任务7 各种压具和拉具的选用及使用技能训练

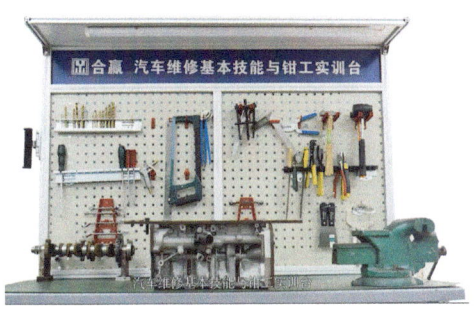 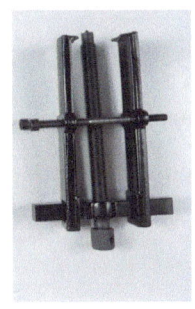 

图7-5 实训器材

2. 操作步骤（图7-6）

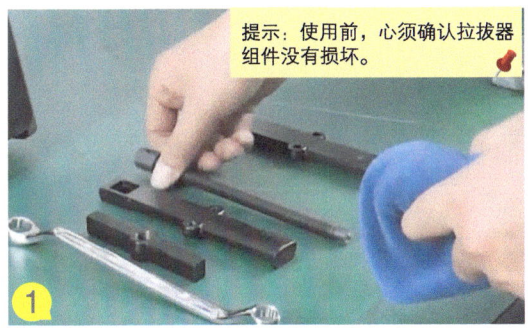

① 清洁并检查拉拔器，确认拉拔器有没有损坏，若有锈蚀则做除锈处理。

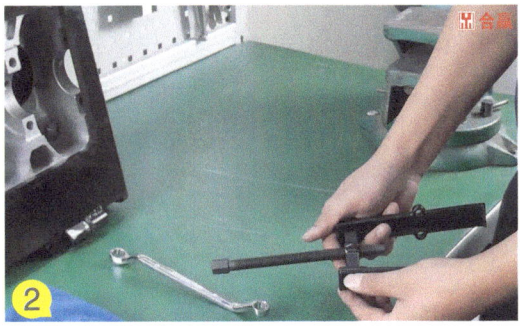

② 组装拉拔器。

③ 将变速器传动轴用台虎钳夹紧。

④ 正确地将拉拔器安装到工件上，确保拉爪安装可靠。

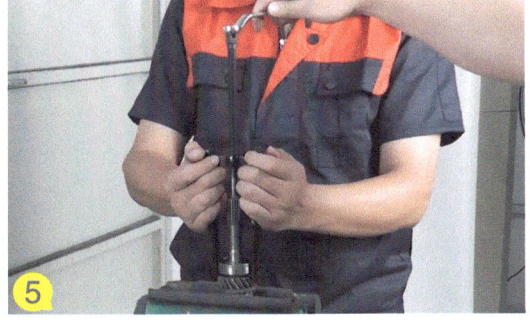

⑤ 使用扳手慢慢旋转丝杆，将轴承拉出。

⑥ 取下拉拔器，并取下轴承。

图7-6 操作步骤

053

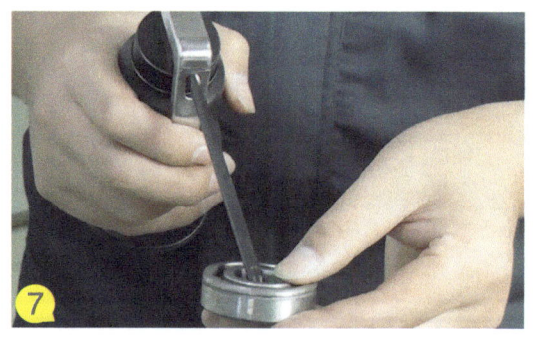
⑦ 清洁轴承,并在轴承内圈涂上润滑油。

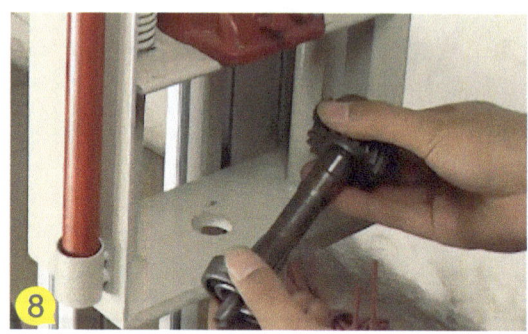
⑧ 将轴承放压到传动轴上。

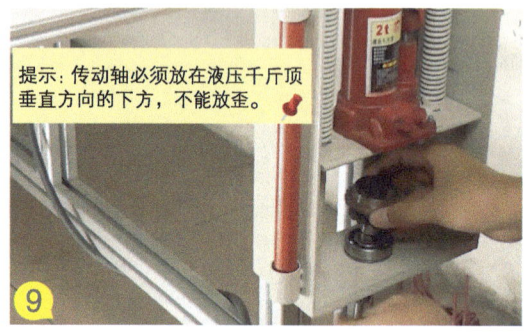
提示:传动轴必须放在液压千斤顶垂直方向的下方,不能放歪。
⑨ 将传动轴及轴承放到液压千斤顶支架内。

⑩ 检查泄压阀是否关闭,若没关闭则顺时针拧紧泄压阀。

提示:施压的过程必须匀速地进行;施压过程中观察轴承是否有卡住传动轴。
⑪ 操作液压千斤顶,将轴承安装压到传动轴内。

⑫ 逆时针缓慢旋松泄压阀,使液压千斤顶泄压,恢复到原来的状态。

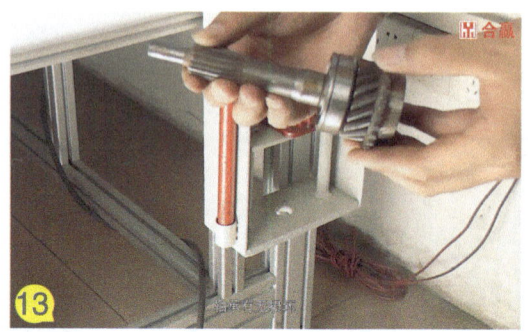
⑬ 取出传动轴,并检查轴承是否已经安装到位及有无损坏。

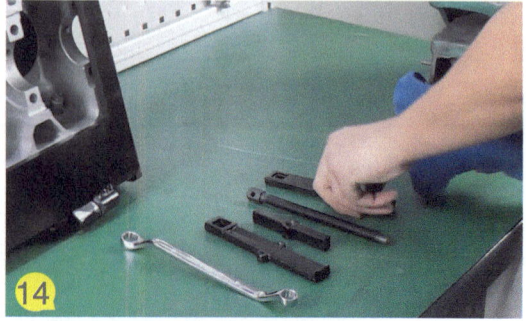
⑭ 将拉具拆卸、清洁干净,并按规定摆放好。

图 7-6 操作步骤(续)

3. 现场整理

（1）将拆装使用的工具清洁干净，放进工具箱。
（2）清洁地面，确保地面清洁。
（3）将拆装过程中产生的各种垃圾，分类处理，保护环境。

评价与反馈

序号	评价项目	分值	自评（30%）	互评（30%）	教师评（40%）
1	着装符合要求	10			
2	积极主动、有兴趣地参与	10			
3	查找维修手册等相关资料	10			
4	能合理规范地使用仪器和设备	15			
5	按照安全和规范的流程操作	15			
6	遵守学习、实训场地的规章制度	15			
7	能保持学习、实训场地整洁	15			
8	团结协作情况	10			

技能考核标准

技能考核项目		操作内容	规定分值	评分标准	得分
课前准备	劳动保护	个人工作服着装清洁整齐	5	个人工作服着装清洁整齐得5分，否则酌情扣分	
	集队	课前分组集队整齐迅速	5	课前分组集队整齐迅速得5分，否则酌情扣分	
任务实施及操作	场地准备	检查场地布置及设备运行用电需要	5	检查场地布置及设备运行用电需要得5分，否则酌情扣分	
	工具准备	拆装所需工具齐全	5	拆装所需工具齐全得5分，否则酌情扣分	
	轴承的压装	正确压装轴承	20	正确压装轴承得20分，否则酌情扣分	
	压装工具的选用	选用正确的压装工具	15	选用正确的压装工具得15分，否则酌情扣分	
	拆卸工具的选用	选用正确的拆卸工具	15	选用正确的拆卸工具得15分，否则酌情扣分	
	轴承的拆卸	正确拆卸轴承	10	正确拆卸轴承得10分，否则酌情扣分	
6S管理	现场管理	整个操作过程现场布局合理，按6S要求完成操作	20	整个操作过程现场布局合理，操作过程符合6S规范得20分，否则酌情扣分	
总分					

项目三　汽车维修常用量具的选用及使用技能训练

任务8　简单测量工具的选用及使用技能训练

学习目标

● 知识目标
1. 能够描述钢直尺、卷尺的作用。
2. 能够区别各类钢直尺、卷尺。

● 技能目标
1. 掌握钢直尺、卷尺读数方法。
2. 能够利用钢直尺、卷尺对汽车相关零件进行测量,并且准确处理测量结果。
3. 能够对钢直尺、卷尺进行维护保养。

建议课时:
2课时

任务描述

汽车检测维修时,需要对气缸体、气缸盖及制动片等的长度和厚度尺寸测量,还有离合器及制动踏板自由行程测量等,需要使用简单、快捷、方便的测量工具,钢直尺和卷尺便是首选。

知识准备

一、钢直尺的结构认识

钢直尺是最基本的测量工具,一般用钢材或不锈钢材制成,长度分为150mm、200mm、300mm 三种,最小刻度是 0.5mm。汽车维修中使用 150mm 和 300mm 这两种钢直尺较多。它一般用于精度要求不高的测量,可以直接测量出工件的尺寸。各类钢直尺如图8-1所示。

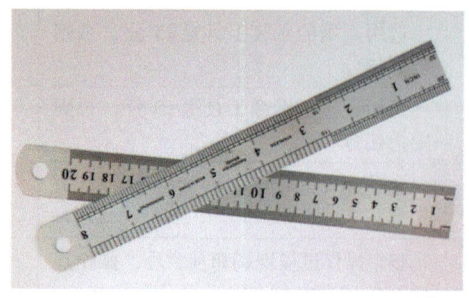
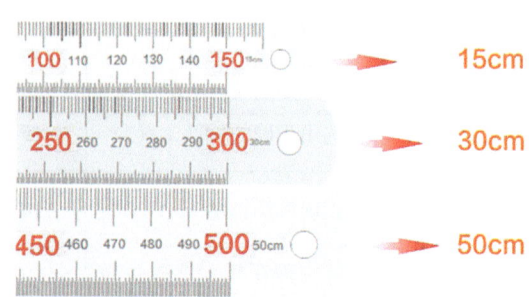

图8-1　钢直尺

钢直尺以"0"刻线作为测量基准，测量时容易找到测量基准，便于读数和计数。测量时，钢直尺要放平、放正，刻度面朝上、朝外，不得前后、左右歪斜，否则，读数值会偏大，其正、误使用举例分别如图8-2和图8-3所示。

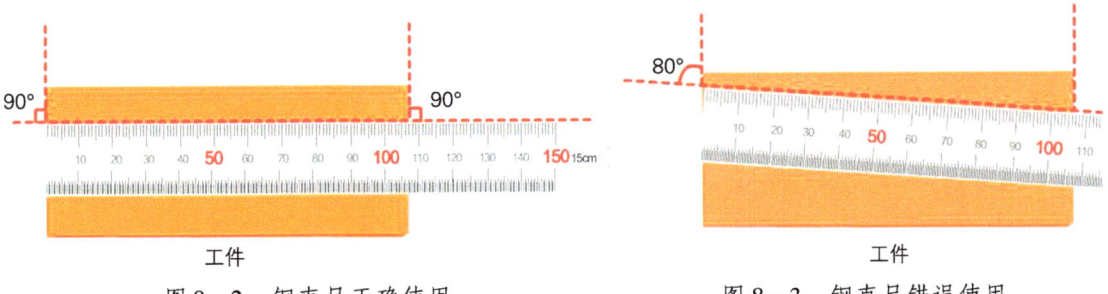

图8-2　钢直尺正确使用　　　　　　图8-3　钢直尺错误使用

二、钢卷尺的结构认识

钢卷尺是由一条薄的富有弹性的钢带制成，其整条钢带上刻有长度标志，如图8-4所示。钢卷尺按其结构可分为自卷式卷尺和制动式卷尺两种。一般钢卷尺的刻度单位与钢直尺的刻度单位相同。

钢卷尺钢带两边最小刻度为mm，长度有3m、5m、7.5m、10m等类型。

图8-4　钢卷尺

钢卷尺的尺带表面不得有锈迹和明显的斑点。使用卷尺应以"0"点端为测量基准，钢卷尺测量时尺带不能弯折，以免测量数据不准确，如图8-5所示。

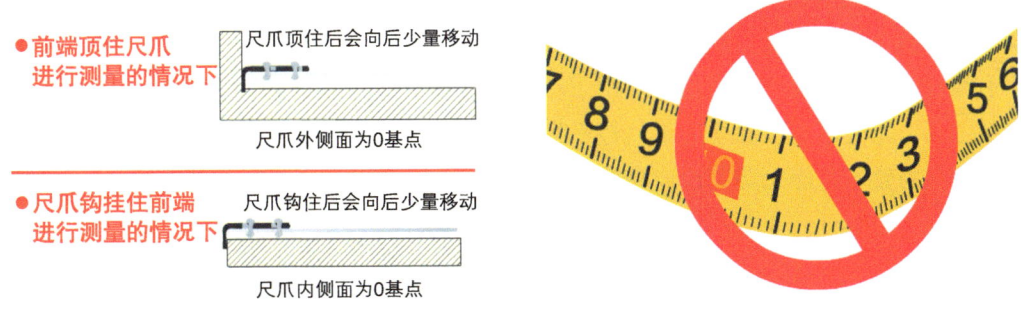

图8-5　钢卷尺测量

三、直角尺

直角尺简称为角尺，在有些场合还被称为靠尺，如图8-6所示。直角尺通常用钢、铸铁或花岗岩制成，按材质可分为铸铁直角尺、镁铝直角尺和花岗石直角尺。直角尺是检验和划线工作中常用的量具，用于检测工件的垂直度及工件相对位置的垂直度，是一种专业量具，适用于机床、机械设备及零部件的垂直度检验，安装加工定位、画线等作业，是机械行业中的重要测量工具。直角尺使用时，将尺座一面紧靠工件基准面，尺杆向工件另一面靠拢，如图8-7所示。

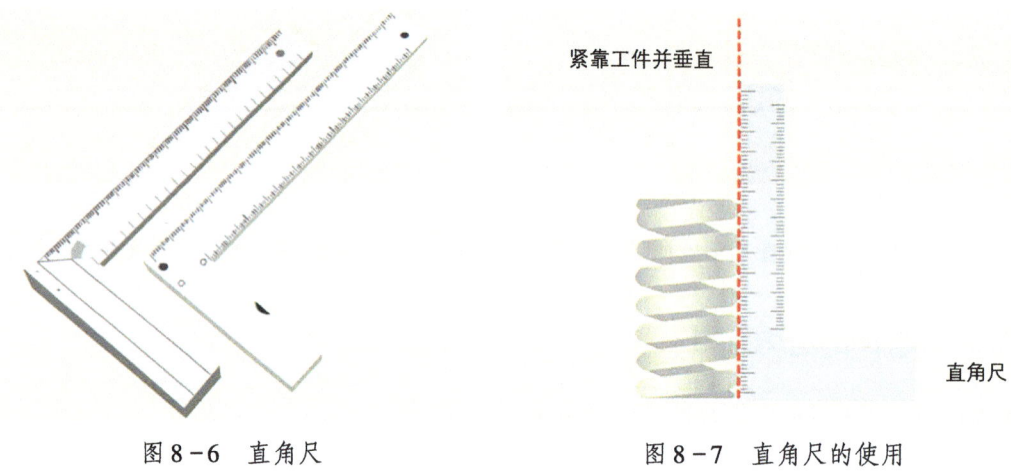

图8-6　直角尺　　　　　　　　　图8-7　直角尺的使用

四、钢直尺和钢卷尺使用注意事项

钢卷尺拉出和收入卷尺时，应轻便、灵活、无卡滞现象；制动时，卷尺的按钮装置应能有效地控制尺带收卷，不得有阻滞失灵现象。使用时应徐徐拉出，用完后应徐徐退回；尺带自动收卷时，应防止尺带伤人。

测量时，钢直尺或钢卷尺要放平、方正，刻度面要朝上、朝外，不得前后、左右歪斜，否则，从尺上读得的读数比测得实际尺寸大。

使用钢直尺或钢卷尺测量圆柱形截面直径时，尺的端边要与被测面的边缘相切，然后左右摆动尺，找出最大尺寸，即为所测圆形直径尺寸。

有悬挂孔的钢直尺，使用后必须用干净的棉丝擦干净，然后悬挂，使其自然下垂。如果没有悬挂孔，则将刚直尺擦净后平放在平板、平台或平尺上，防止其受压变形。如果长时间不用，则应将钢直尺涂上防锈油。存放地点应选择温度、湿度较低的地点。

任务实施

使用钢直尺测量发动机气缸体基本尺寸

1. 准备实训器材

汽车维修工量具技能训练实训台、钢直尺如图8-8所示。

简单测量工具的选用及使用技能训练

任务 8　简单测量工具的选用及使用技能训练

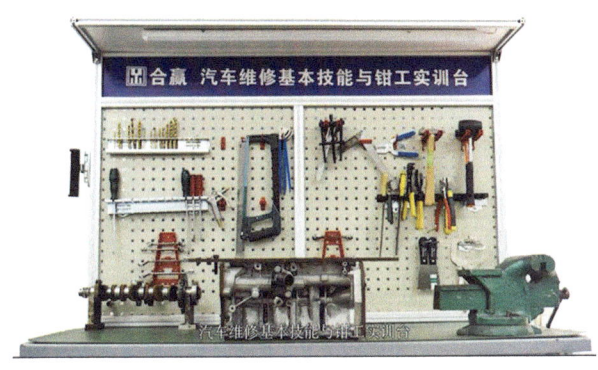
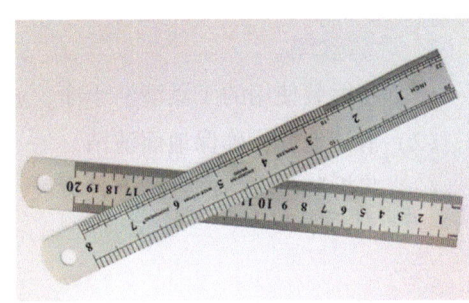

图 8-8　实训器材

2. 操作步骤（图 8-9）

❶ 清洁待测工件，用压缩空气和清洁布对发动机气缸体进行清洁，保证表面无污渍。

说明：检查钢直尺各部位有无损伤，不允许有影响使用性能的外观缺陷，例如碰弯、划痕、刻度断线或看不清刻度线等缺陷。

❷ 按所测量工件的尺寸范围，选择测量合适的钢直尺，清洁并检查选用的钢直尺。

说明：测量时用拇指将钢直尺按住，使其贴靠在工件上。

❸ 使用钢直尺测量气缸体长、宽度测量时，将毫米单位刻度面朝上，以端边的"0"刻度线为基准。

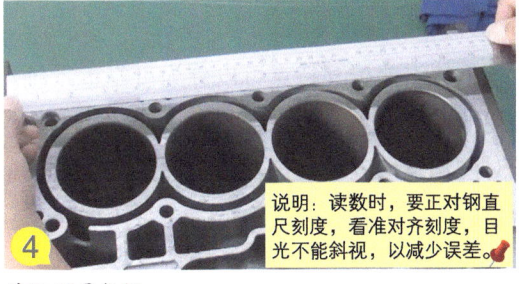

说明：读数时，要正对钢直尺刻度，看准对齐刻度，目光不能斜视，以减少误差。

❹ 读取测量数据。

说明：有悬挂孔的钢直尺，使用后必须用干净的棉丝擦干净，然后悬挂，使其自然下垂。如果没有悬挂孔，则将刚直尺擦净后平方在平板、平台或尺上，防止其受压变形，如果长时间不用，则应将钢直尺涂上防锈油。

❺❻ 处理记录数据，在工件的同一截面上的不同方向进行测量。对于较长零件，则应当在全长的各个部位进行测量，取三个数值的平均值作为最终测量值。

将测量工具清理干净，并按规定摆放好。清洁待测工件及检测平台，确保待测件及检测平台清洁。

图 8-9　操作步骤

3. 现场整理

（1）将拆装使用的工具清洁干净，放进工具箱。

（2）清洁地面，确保地面清洁。

（3）将拆装过程中产生的各种垃圾，分类处理，保护环境。

学习拓展

误差，是在具体的测量过程中，无论怎样改进实验方法、提高仪器精度和操作人员的水平都无法消除的。由于各种条件的限制，如环境影响、仪器精度等因素的局限，待测量值和真值之间总是存在一定的差异。按照误差的来源和性质的不同，一般将误差分为系统误差、过失误差和偶然误差三类。

1. 系统误差

系统误差，是指实验系统（测量系统）在测量过程中和在取得其结果的过程中存在恒定的或按一定规律变化的误差。如秒表偏快，表盘刻度不均匀等，这些均为仪器本身结构或环境变化导致的恒定误差；又如在测量电阻的阻值时，电阻上因通过电流而发热，从而导致了电阻阻值的变化，这种变化是有一定规律的。因此这种误差属于按一定规律变化的系统误差。系统误差包含仪器误差、仪器零位误差、理论和方法误差、环境误差和人为误差等。

系统误差按其特点可以分为可修正系统误差和不可修正系统误差。凡是大小、符号可以确定的系统误差，即为可修正系统误差，如仪器误差、理论误差等，可以根据它的大小和符号对测量结果进行修正，消除它对测量结果的影响。那些只能估计它的大小，不能确定它的符号的系统误差，称为不可修正系统误差。

2. 过失误差

过失误差，是指实验者使用仪器的方法不正确，实验方法不合理，粗心大意或过度疲劳，读错、记错数据等引起的误差。只要实验者采取严肃认真的态度，就可以消除这种误差。

3. 偶然误差（又叫随机误差）

偶然误差，是指在消除系统误差和过失误差的条件下，在相同的测量条件下，对同一物理量作多次等精度测量，每次得到的测量值都不相同，有时偏大，有时偏小。通过增加测量次数可减小偶然误差。偶然误差是不可修正的。

评价与反馈

序号	评价项目	分值	自评（30%）	互评（30%）	教师评（40%）
1	着装符合要求	10			
2	积极主动、有兴趣地参与	10			
3	查找维修手册等相关资料	10			
4	能合理规范地使用仪器和设备	15			
5	按照安全和规范的流程操作	15			
6	遵守学习、实训场地的规章制度	15			
7	能保持学习、实训场地整洁	15			
8	团结协作情况	10			

技能考核标准

技能考核项目		操作内容	规定分值	评分标准	得分
课前准备	劳动保护	个人工作服着装清洁整齐	5	个人工作服着装清洁整齐得5分，否则酌情扣分	
	集队	课前分组集队整齐迅速	5	课前分组集队整齐迅速得5分，否则酌情扣分	
任务实施及操作	场地准备	检查场地布置及设备运行用电需要	5	检查场地布置及设备运行用电需要得5分，否则酌情扣分	
	工具准备	拆装所需工具齐全	5	拆装所需工具齐全得5分，否则酌情扣分	
	使用钢直尺测量发动机气缸体基本尺寸	1. 正确选择操作工具 2. 能规范使用钢直尺测量发动机气缸体 3. 能正确读数、处理记录数据	60	1. 正确选择操作工具得10分，否则酌情扣分 2. 做好工具设备的清洁、检查得10分，漏掉一项扣1分 3. 能正确、规范使用钢直尺测量发动机气缸体得30分，否则酌情扣分 4. 能正确读数、处理记录数据得10分，否则酌情扣分	
6S管理	现场管理	整个操作过程现场布局合理，按6S要求完成操作	20	整个操作过程现场布局合理，操作过程符合6S规范得20分，否则酌情扣分	
总分					

任务9 塞尺、刀口尺的选用及使用技能训练

学习目标

● 知识目标
1. 了解塞尺的结构、种类、规格,能正确选用塞尺。
2. 了解刀口尺的结构、种类、规格,能正确选用刀口尺。

建议课时:
4 课时

● 技能目标
1. 掌握塞尺、刀口尺使用方法。
2. 会用塞尺和刀口尺对气缸体进行平面度测量,并且准确处理测量结果。
3. 能够对塞尺、刀口尺进行维护保养。

任务描述

汽车上各总成件在车辆运行过程中,由于受到内外作用力,引起重要的平面(例如气缸体平面、缸盖平面)出现变形,造成车辆的动力性下降,更严重者造成车辆报废,因此要在车辆维护保养过程中用塞尺和刀口尺对重要平面度进行测量。

知识准备

一、塞尺的结构认识

塞尺俗称为厚薄规或间隙片,是一组淬硬的钢条或刀片。每条淬硬钢条或刀片被研磨或滚压成为精确的厚度。塞尺通常都是成套供应,在汽车维修过程中,主要用于测量进、排气门间隙、火花塞间隙和一些接触面的平面度等,如图9-1所示。每条钢片上标出了厚度(单位为mm),他们可以单独使用,也可以将两排或多片组合在一起使用,以便获得所需的厚度,最薄的一片可以达到0.02mm。通常塞尺长度有50mm、100mm、200mm 三种。

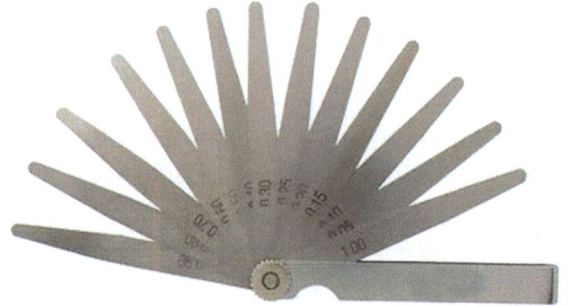

图9-1 塞尺

二、刀口尺结构认识

刀口尺主要用于以光隙法进行直线度测量和平面度测量，也可与量块一起用于检验平面精度。刀口尺是由合金工具钢、轴承钢或镁铝合金材料经过稳定性处理和去磁处理制造而成，如图9-2所示。

刀口尺的规格：500mm、600mm、750mm、1000mm、1200mm、1500mm、2000mm、2500mm、3000mm、3500mm、4000mm。

塞尺和刀口尺主要用于平面度测量，例如气缸体平面度测量和机油泵侧隙测量等。测量气缸体平面度时，将刀口尺刀刃朝下平稳放在气缸体上，使用适合塞尺插入刀口尺与气缸体接触面的空隙内，以检测气缸体平面度，如图9-3所示。

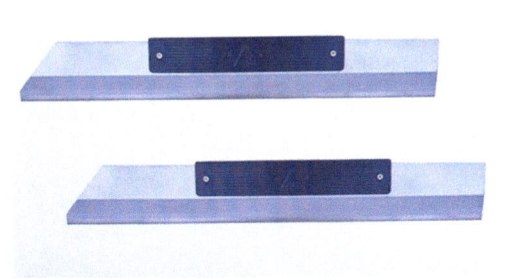

图9-2 刀口尺结构

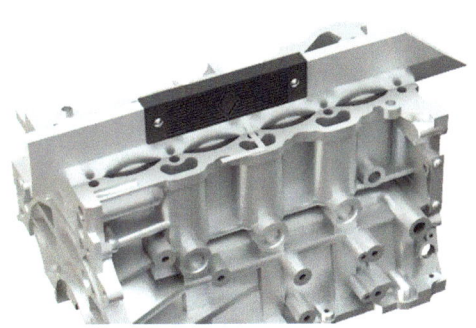

图9-3 塞尺和刀口尺检测气缸体平面度

任务实施

使用塞尺和刀口尺检验气缸体平面度

1. 准备实训器材

汽车维修工量具基本技能实训台、刀口尺、塞尺如图9-4所示。

塞尺、刀口尺的选用及使用技能训练

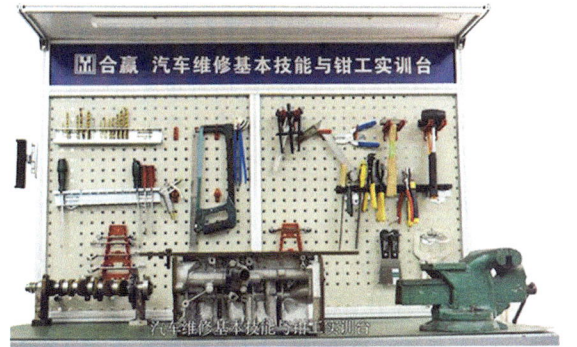
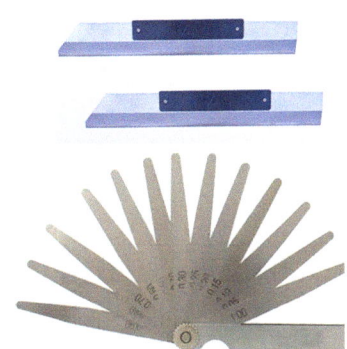

图9-4 实训器材

2. 操作步骤

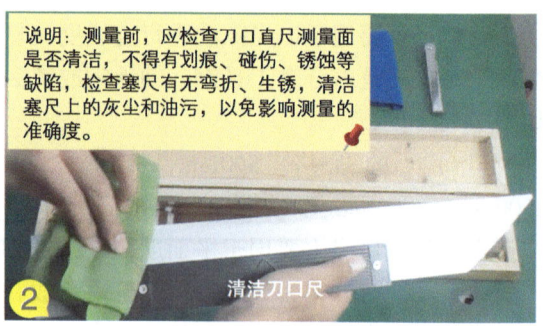

清洁待测气缸体，用压缩空气和清洁布对发动机气缸体进行清洁，保证表面无污渍。

说明：测量前，应检查刀口直尺测量面是否清洁，不得有划痕、碰伤、锈蚀等缺陷，检查塞尺有无弯折、生锈，清洁塞尺上的灰尘和油污，以免影响测量的准确度。

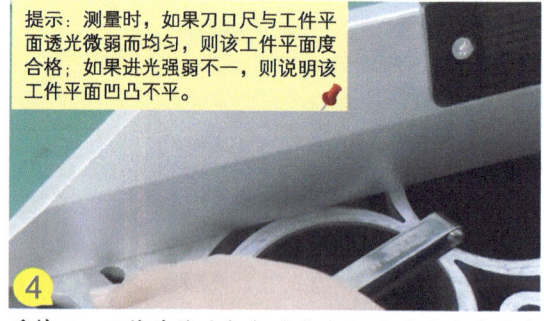

正确选用合适的塞尺和刀口尺，为了确保测量的精度，应该选用比气缸体对角线长的刀口尺。清洁塞尺和刀口尺表面的防锈油。

提示：测量时，如果刀口尺与工件平面透光微弱而均匀，则该工件平面度合格；如果进光强弱不一，则说明该工件平面凹凸不平。

手持刀口尺将其棱边轻轻地与气缸体平面垂直紧密接触，并在纵向、横向和对角线方向逐次检查。

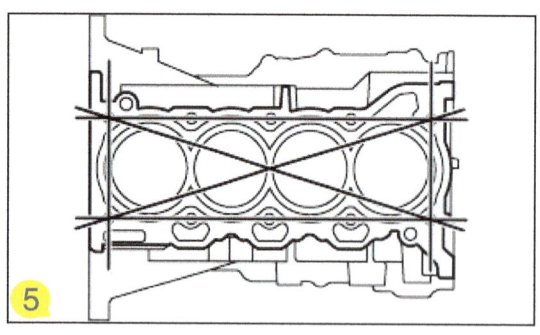

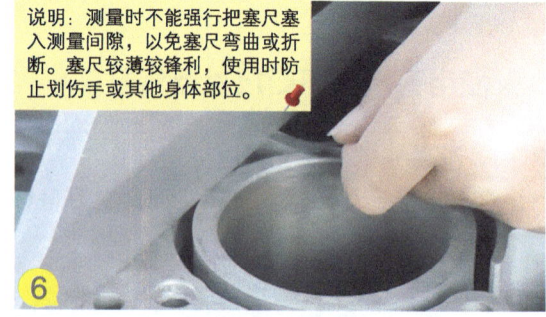

说明：测量时不能强行把塞尺塞入测量间隙，以免塞尺弯曲或折断。塞尺较薄较锋利，使用时防止划伤手或其他身体部位。

根据结合面的间隙情况选用相应厚度的塞尺片，在刀口尺与工件紧靠处用塞尺插入，根据塞尺的厚度即可确定平面度的误差。

图 9-5 操作步骤

测量数据的读取：根据目测的间隙大小选择适当规格的塞尺逐个塞入。如：用 0.03mm 能塞入，而用 0.04 不能塞入，这说明所测量的间隙值在 0.03mm 与 0.04mm 之间。当间隙较大或希望测量出更小的尺寸范围时，单片塞尺已无法满足测量要求，可以使用数片叠加在一起插入间隙中（在塞尺的最大规格满足使用间隙要求时，尽量避免多片叠加，以免造成累计误差）。

测量实例说明

例1：间隙片最大规格为0.5mm，间隙尺寸大约在0.65mm时，就需要使用0.5mm与0.15mm叠加测量。

例2：用0.03mm能塞入，而用0.04mm不能塞入，则在0.03mm上叠加0.005mm，如能塞入，得到所测间隙值即在0.035mm与0.04mm之间。

3．现场整理

（1）将拆装使用的工具清洁干净，放进工具箱。

（2）清洁地面，确保地面清洁。

（3）将拆装过程中产生的各种垃圾，分类处理，保护环境。

相关知识

平面度是指基片具有的宏观凹凸高度相对理想平面的偏差。平面度属于形位误差中的形状误差，平面度测量是指被测实际表面对其理想平面的变动量，用平面度误差来表示。

平面度误差是将被测实际表面与理想平面进行比较，两者之间的线值距离即为平面度误差值；或通过测量实际表面上若干点的相对高度差，再换算以线值表示的平面度误差值。

汽车发动机大修过程中，经常要对气缸体、气缸盖等重要平面的平面度进行检测，防止因超过维修手册规定数据，造成发动机动力下降，出现漏水、漏气现象。

评价与反馈

序号	评价项目	分值	自评（30%）	互评（30%）	教师评（40%）
1	着装符合要求	10			
2	积极主动、有兴趣地参与	10			
3	查找维修手册等相关资料	10			
4	能合理规范地使用仪器和设备	15			
5	按照安全和规范的流程操作	15			
6	遵守学习、实训场地的规章制度	15			
7	能保持学习、实训场地整洁	15			
8	团结协作情况	10			

技能考核标准

技能考核项目		操作内容	规定分值	评分标准	得分
课前准备	劳动保护	个人工作服着装清洁整齐	5	个人工作服着装清洁整齐得5分，否则酌情扣分	
	集队	课前分组集队整齐迅速	5	课前分组集队整齐迅速得5分，否则酌情扣分	
任务实施及操作	场地准备	检查场地布置及设备运行用电需要	5	检查场地布置及设备运行用电需要得5分，否则酌情扣分	
	工具准备	拆装所需工具齐全	5	拆装所需工具齐全得5分，否则酌情扣分	
	使用塞尺和刀口尺检验气缸体平面度	1. 正确选择工量具 2. 清洁检查刀口尺和塞尺 3. 能规范拿取刀口尺，选择测量位置 4. 能规范使用塞尺测量间隙 5. 可以正确读取处理数据	60	1. 正确选择操作工具得5分，否则酌情扣分 2. 做好工具设备的清洁、检查得5分，漏掉一项扣1分 3. 能规范拿取刀口尺，选择测量位置得20分，否则酌情扣分 4. 能规范使用塞尺测量间隙得20分，否则酌情扣分 5. 可以正确读取处理数据得10分，否则酌情扣分	
6S管理	现场管理	整个操作过程现场布局合理，按6S要求完成操作	20	整个操作过程现场布局合理，操作过程符合6S规范得20分，否则酌情扣分	
总分					

任务 10
游标卡尺的选用及使用技能训练

学习目标

● 知识目标
1. 了解游标卡尺的结构、种类、规格,能够区别各类游标卡尺。
2. 能认识并读取游标卡尺的读数。

建议课时:
2 课时

● 技能目标
1. 掌握游标卡尺读数方法。
2. 会利用游标卡尺对汽车相关零件进行测量,并且准确处理测量结果。
3. 能够对游标卡尺进行维护保养。

任务描述

汽车发动机上的各种轴、孔、螺栓等零件,随着发动机运行会出现磨损情况,汽车维修人员需要运用游标卡尺对这些零件的长度、宽度、直径及深度等参数进行测量,确定零件的技术状态,为零件的维修级别提供依据。

知识准备

一、游标卡尺的结构认识

游标卡尺是一种用来测量长度、内外径及深度的量具。常见的游标卡尺可分为普通游标卡尺、带表游标卡尺和数显游标卡尺(也叫电子游标卡尺)。带表游标卡尺用百分表取代了游标尺,数显游标卡尺用数字显示屏取代了游标尺。各类游标卡尺如图 10-1 所示。

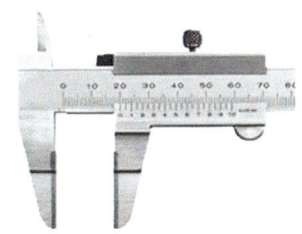 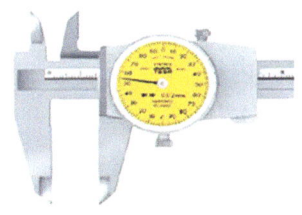 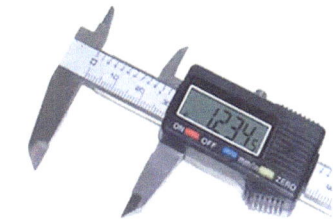

图 10-1 各类游标卡尺

067

游标卡尺由尺身和附在尺身上能滑动的游标尺两部分构成。尺身和游标尺上有两副活动量爪，分别是内测量爪和外测量爪。内测量爪通常用来测量内径，外测量爪通常用来测量长度和外径。深度尺与游标尺连在一起，可以测槽和筒的深度，如图10-2和图10-3所示。

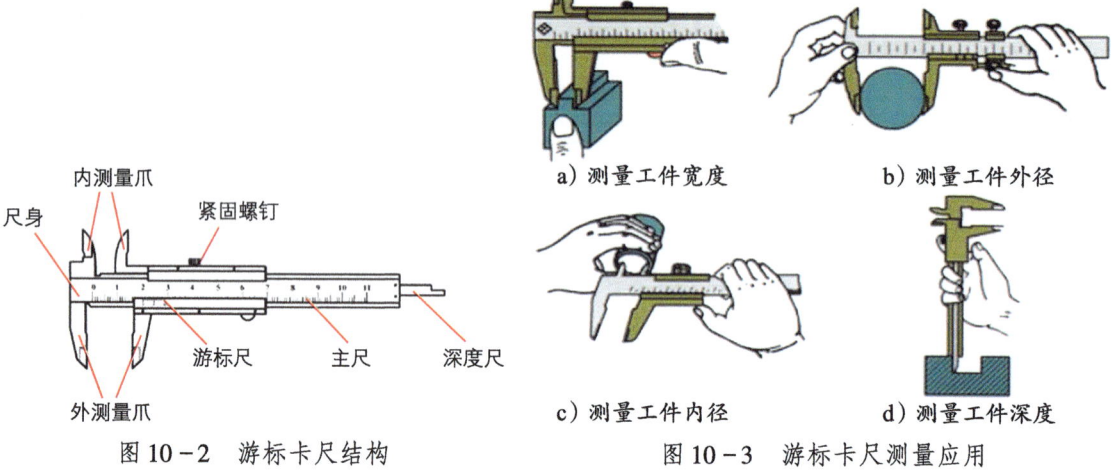

图10-2 游标卡尺结构　　　　图10-3 游标卡尺测量应用

若从背面看，游标是一个整体。主尺一般以 mm 为单位，而游标上则有10、20或50个分格。根据分格的不同，游标卡尺的分度值可分为 0.1mm、0.05mm、0.02mm 等，汽车维修主要选用 0.02mm 分度值。游标卡尺常用的规格有 125mm、150mm、300mm、500mm 和 1000mm 等，如图10-4所示。

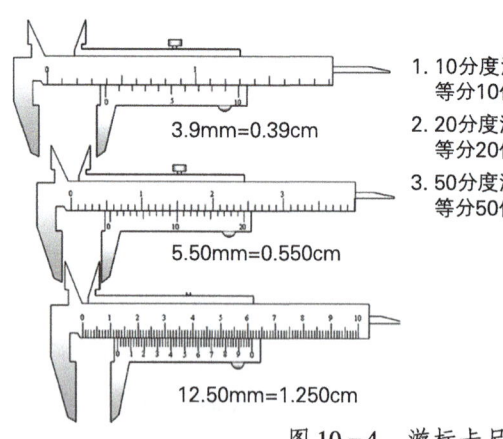

1. 10分度游标卡尺主尺最小刻度1mm，游标尺将9mm等分10份，每份0.9mm，分度值0.1mm
2. 20分度游标卡尺主尺最小刻度1mm，游标尺将19mm等分20份，每份0.95mm，分度值0.05mm
3. 50分度游标卡尺主尺最小刻度1mm，游标尺将49mm等分50份，每份0.98mm，分度值0.02mm

图10-4 游标卡尺三种分度值

还有一些游标卡尺是用来专门测量内径的，例如测量汽车制动鼓等，这种游标卡尺的好处是不受被测物体内径边缘凸起的影响，如图10-5所示。

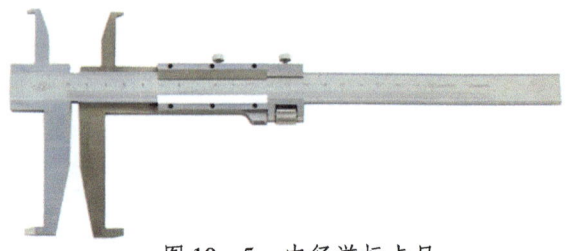

图10-5 内径游标卡尺

二、游标卡尺的读数

游标卡尺的读数与卡尺的主尺、游标尺和精度有关。

游标卡尺的读数 = 主尺读数 + 副尺读数 × 精度。

主尺读数为 mm 整数，一般为游标尺"0"刻度最左面对应主尺的读数；游标尺读数值是主尺和游标尺对齐时游标尺的读数，如图 10-6 所示。

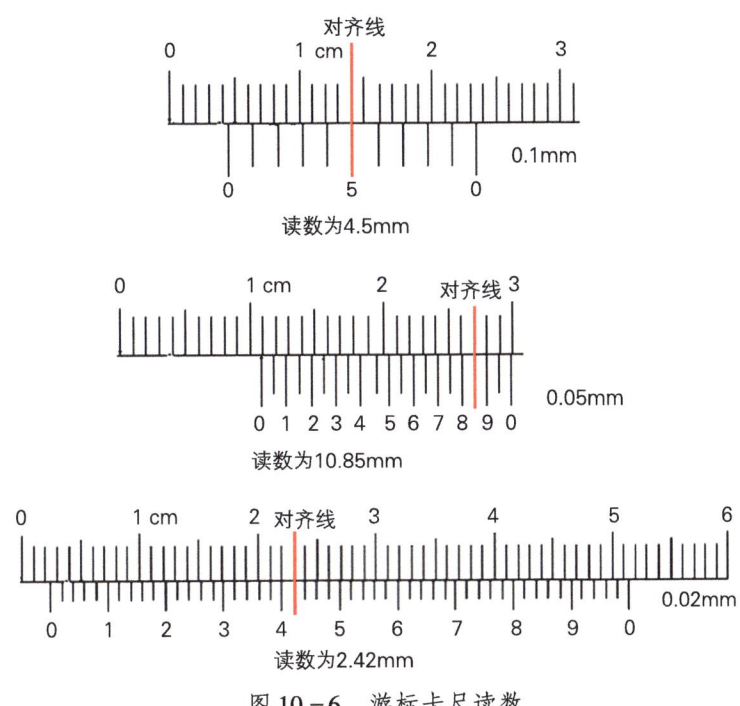

图 10-6　游标卡尺读数

三、游标卡尺使用注意事项

（1）游标卡尺是比较精密的测量工具，要轻拿轻放，不得碰撞或跌落地下。不要用来测量粗糙的物体，以免损坏量爪；避免与刃具放在一起，以免刃具划伤游标卡尺的表面；不使用时应置于干燥中性的地方，并远离酸碱性物质，防止锈蚀。

（2）测量前应把卡尺揩干净，检查卡尺的两个测量面和测量刃口是否平直无损。把两个量爪紧密贴合时，应无明显的间隙，同时游标和主尺的零位刻线要相互对准，这个过程称为校对游标卡尺的零位。

（3）移动尺框时，要活动自如，不应有过松或过紧，更不能有晃动现象。用紧固螺钉固定尺框时，卡尺的读数不应有所改变。在移动尺框时，不要忘记松开紧固螺钉，亦不宜过松以免固定螺钉掉了。

（4）用游标卡尺测量零件时，不允许过分地施加压力，所用压力应使两个量爪刚好接触零件表面。如果测量压力过大，不但会使量爪弯曲或磨损，且量爪在压力作用下产生弹性变形，使测量得的尺寸不准确（外尺寸小于实际尺寸，内尺寸大于实际尺寸）。

（5）在游标卡尺上读数时，应把卡尺水平持握，朝着亮光的方向，使人的视线尽可能和卡尺的刻线表面垂直，以免由于视线的歪斜造成读数误差。

（6）为了获得正确的测量结果，可以多测量几次，即在零件同一截面上的不同方向进行测量。对于较长零件，则应当在全长的各个部位进行测量，务使获得一个比较准确的测量结果。

任务实施

一、使用游标卡尺测量工件内外径及深度

1. 准备实训器材

汽车维修工量具技能训练实训台、游标卡尺如图 10-7 所示。

游标卡尺的选用及使用技能训练

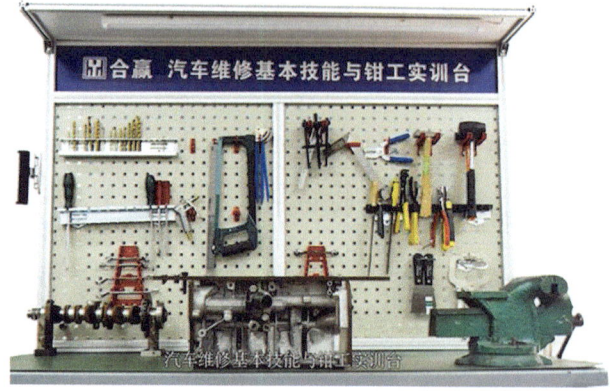

图 10-7　实训器材

2. 操作步骤

（1）清洁待测工件，用压缩空气和清洁布对发动机气缸体和螺栓进行清洁，保证表面无污渍（图 10-8）。

（2）正确选用游标卡尺。为了确保测量的精度，应该根据待测工件的尺寸选用相应规格的游标卡尺，并清洁和检查所选用的游标卡尺（图 10-9）。

图 10-8　清洁工件

重要提示

1. 测量前应把卡尺清洁干净，检查卡尺的两个测量面和测量刃口是否平直无损。把两个量爪紧密贴合时，主尺、游标尺的量爪必须完全密合。内径测定用量爪在密合状态下，能够看到少许光线表示密合良好；反之，如果穿透光线很多，则表示量爪密合不佳。
2. 零点校正：当量爪密切结合后，游标卡尺主尺、游标尺零点必须相互一致才是正确的。
3. 游标的移动状态：游标必须能够在主尺上轻松移动而不会发出声音或者感觉到卡滞。

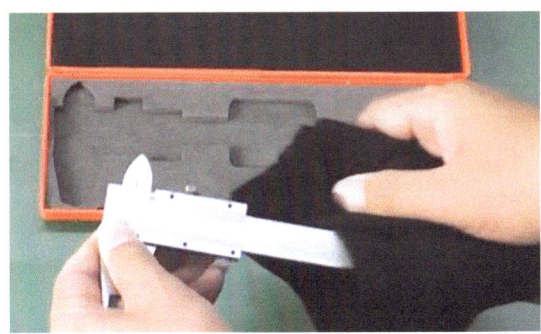

a) 清洁

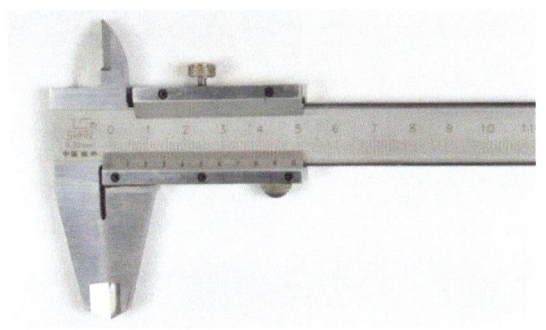

b) 量爪密合状态

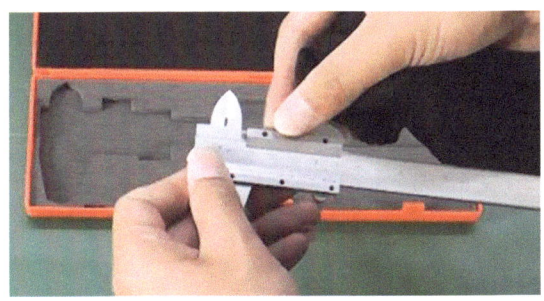

c) 零点校正

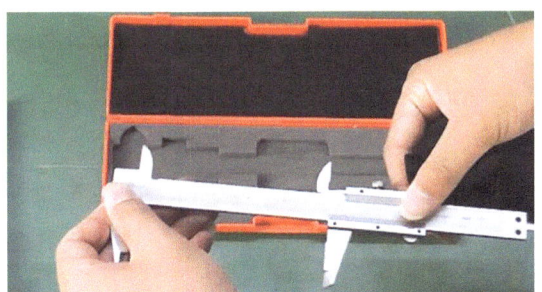

d) 移动状态检查

图 10-9　清洁和检查游标卡尺

（3）使用游标卡尺测量工件外径，需要将零件深夹在量爪中，然后用右手拇指轻压游标卡尺，保持待测工件和游标卡尺保持垂直状态，并锁紧游标尺（图 10-10）。测量内径时，首先用拇指轻轻拉开游标尺，使主尺量爪与待测工件保持正确的接触，上下晃动，并锁紧游标尺，由指示的最小尺寸为读数值（图 10-11）。

测量深度时，使用深度尺测量螺栓孔的深度，锁紧游标尺，然后取出游标卡尺（图 10-12）。

注意： 用游标卡尺测量零件时，不允许过分地施加压力，所用压力应使两个量爪刚好接触零件表面。如果测量压力过大，不但会使量爪弯曲或磨损，且量爪在压力作用下产生弹性变形，使测量得的尺寸不准确（外尺寸小于实际尺寸，内尺寸大于实际尺寸）。

图 10-10　测量螺栓外径

图 10-11　测量螺栓孔内径

图 10-12　测量螺栓孔深度

(4) 读取测量数据

提示：应把卡尺水平地拿着，朝着亮光的方向，使人的视线尽可能和卡尺的刻线表面垂直，正对游标刻度，看准对齐刻度，目光不能斜视，以减少误差。

(5) 数据的处理。在零件的同一截面上的不同方向进行测量。对于较长零件，则应当在全长的各个部位进行测量，取三个数值的平均值作为最终测量值（图 10-13）。

3. 现场整理

(1) 将拆装使用的工具清洁干净，放进工具箱（图 10-14）。

(2) 清洁地面，确保地面清洁。

(3) 将拆装过程中产生的各种垃圾，分类处理，保护环境。

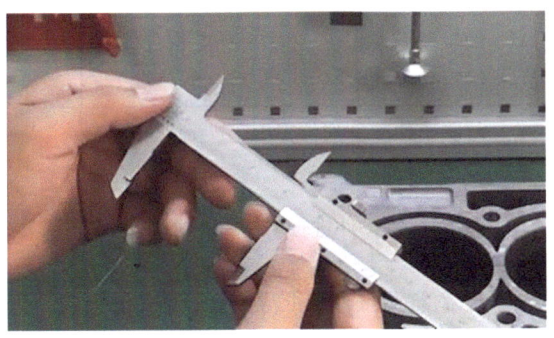

图 10-13 读取数据

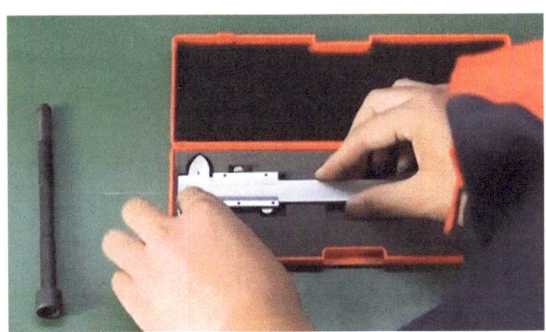

图 10-14 放进工具箱

评价与反馈

序号	评价项目	分值	自评（30%）	互评（30%）	教师评（40%）
1	着装符合要求	10			
2	积极主动、有兴趣地参与	10			
3	查找维修手册等相关资料	10			
4	能合理规范地使用仪器和设备	15			
5	按照安全和规范的流程操作	15			
6	遵守学习、实训场地的规章制度	15			
7	能保持学习、实训场地整洁	15			
8	团结协作情况	10			

汽车维修工量具使用及钳工基础技能训练

技能考核标准

技能考核项目		操作内容	规定分值	评分标准	得分
课前准备	劳动保护	个人工作服着装清洁整齐	5	个人工作服着装清洁整齐得5分，否则酌情扣分	
	集队	课前分组集队整齐迅速	5	课前分组集队整齐迅速得5分，否则酌情扣分	
任务实施及操作	场地准备	检查场地布置及设备运行用电需要	5	检查场地布置及设备运行用电需要得5分，否则酌情扣分	
	设备准备	测量所需量具及耗材齐全	5	测量所需量具及耗材齐全得5分，否则酌情扣分	
	待测工件准备	待测工件准备到位	10	待测工件准备到位得10分，否则酌情扣分	
	测量前准备	1. 对待测工件进行清洁 2. 对检测量具进行清洁检验	10	1. 对待测工件进行清洁得5分，否则酌情扣分 2. 对检测量具进行清洁检验得5分，否则酌情扣分	
	内径测量	用游标卡尺对内径进行测量	10	用游标卡尺对内径进行正确测量得10分，否则酌情扣分	
	外径测量	用游标卡尺对外径进行测量	10	用游标卡尺对外径进行正确测量得10分，否则酌情扣分	
	深度测量	用游标卡尺对深度进行测量	10	用游标卡尺对深度进行正确测量得10分，否则酌情扣分	
	测量结束	1. 整理量具及检测工件 2. 整理检测现场环境	10	1. 整理量具及检测工件得5分，否则酌情扣分 2. 整理检测现场环境得5分，否则酌情扣分	
	测量数据处理	能准确读出游标卡测得的读数，并且记录在对应工单	10	能准确读出游标卡尺的读数，并且记录在对应工单得10分，否则酌情扣分	
6S管理	现场管理	整个操作过程现场布局合理，按6S要求完成操作	10	整个操作过程现场布局合理，操作过程符合6S规范得10分，否则酌情扣分	
总分					

074

任务 11　千分尺的选用及使用技能训练

学习目标

● 知识目标
1. 了解千分尺的结构、种类、规格,能正确区分各类千分尺。
2. 能认识并读取千分尺的读数。

建议课时:

● 技能目标
1. 会利用千分尺对汽车相关零件进行测量,并且准确处理测量结果。
2. 能够对千分尺进行维护保养。

任务描述

汽车发动机上各种轴和活塞等零件会随着发动机运行出现磨损情况,汽车维修人员需要运用千分尺对这些零件的轴径进行测量,确定零件的技术状态,为判定零件的维修级别提供依据。

知识准备

一、千分尺的结构认识

千分尺也称为螺旋测微器。它是利用螺纹节距来测量长度的精密测量仪器,可用于测量加工精度要求较高的零部件。汽车维修工作中一般使用测量精度可达到 0.01mm 的千分尺,如图 11-1 所示。

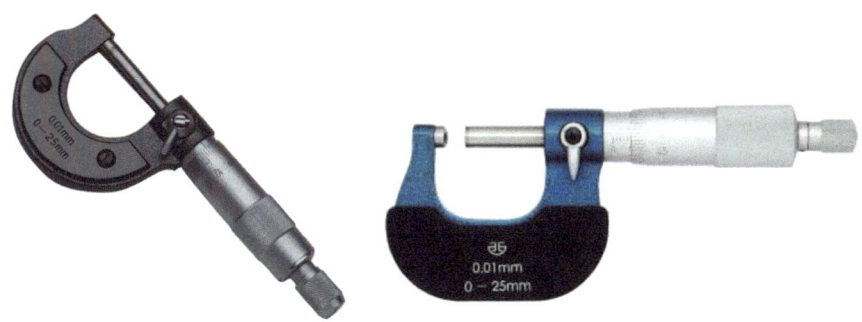

图 11-1　千分尺

075

外径千分尺是用于外径尺寸测量的千分尺，测量范围一般为 0～25mm。根据所测零部件外径粗细，可选用测量范围为 0～25mm、25～50mm、50～75mm、75～100mm 等多种规格的千分尺，如图 11-2 所示。

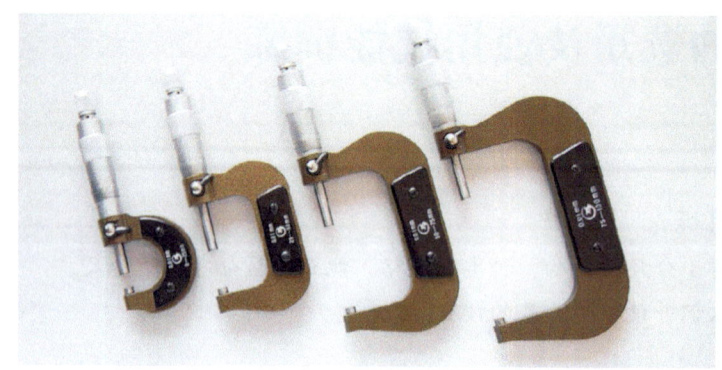

图 11-2　各种规格的千分尺

外径千分尺的构造如图 11-3 所示，主要由测砧、测微螺杆、尺架、固定套筒、微分筒（活动套管）、棘轮旋钮及锁紧装置等部件组成。

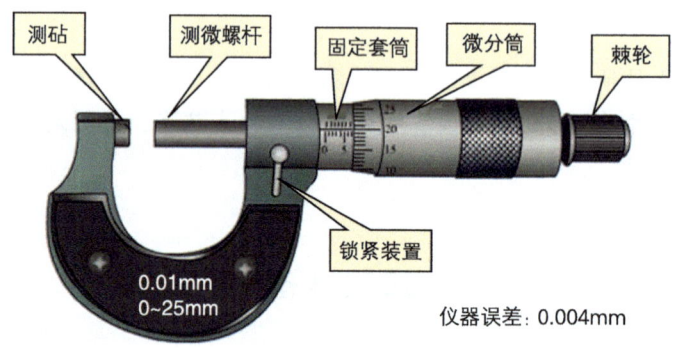

图 11-3　千分尺结构

固定套筒上刻有刻度，测轴每转动一周即可沿轴方向前进或后退 0.5mm。活动套管可旋转，其外圆上刻有 50 等份的刻度，在读数时每等份为 0.01mm，如图 11-4 所示。棘轮旋钮的作用是保证测轴的测定压力，当测定压力达到一定值时，限荷棘轮即会空转。如果测定压力不固定则无法测得正确尺寸，如图 11-5 所示。

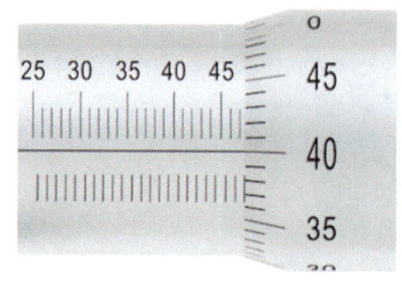

图 11-4　千分尺刻度

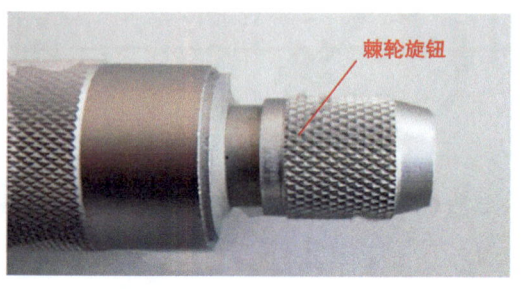

图 11-5　千分尺棘轮旋钮

二、千分尺的读数

读数装置包括固定套管和可以转动的微分筒两部分。套筒刻度可以精确到 0.5mm（可以读至 0.5mm），由此以下的刻度则要根据套筒基准线和微分筒刻度的对齐线来读取读数。如图 11-6 所示，套筒上的读数为 55mm，微分筒上的 0.01mm 的刻度线对齐基准线，因此读数是：55mm + 0.01mm = 55.010mm。又如图 11-7 所示，套筒上的读数为 55.5mm，微分筒上的 0.45mm 的刻度线对齐基准线，因此读数是：55.5mm + 0.45mm = 55.950mm。

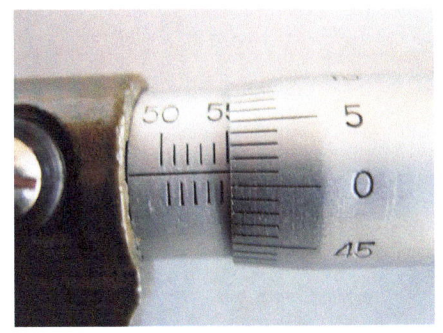
图 11-6　千分尺读数实例一

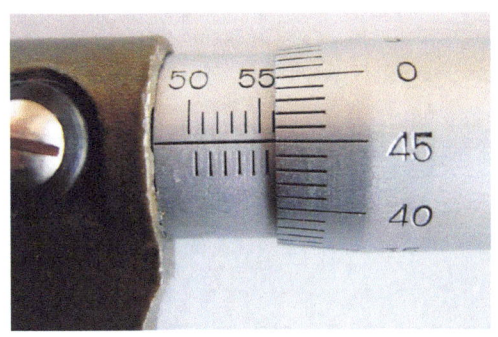
图 11-7　千分尺读数实例二

三、千分尺使用注意事项

（1）使用前确保零点校正，若有误差要用调整扳手调整或用测定值减去误差。

（2）测量时，注意要在测微螺杆快靠近被测物体时应停止使用旋钮，而改用微调旋钮，避免产生过大的压力，既可使测量结果精确，又能保护螺旋测微器。在读数时，要注意固定刻度尺上表示半毫米的刻线是否已经露出。

（3）当测量活塞、曲轴轴径之类的圆周直径时，必须保证测轴轴线与最大轴径保持一致（即测试处为轴径最大处）。若从横向来看，测轴应与检测部件中心线垂直，只有这样才能保证测试数据准确无误。在读数时，要注意固定刻度尺上表示半毫米的刻线是否已经露出。

四、千分尺的维护

（1）使用时应避免掉落地面或遭受撞击。如果不小心落地，应立刻检查并作适当处理。

（2）严禁放置在污垢或灰尘很多的地点，并且要在使用后将测砧和测轴的测定面分离后再放置。

（3）不要拧松后盖，以免造成零位线改变。

（4）为防止生锈，使用后须立即擦拭并涂上一层防锈油。保存时应先放置于储存盒内，再置于湿度低、无振动的地方保存。

任务实施

一、使用千分尺测量凸轮轴轴颈直径

1. 准备实训器材

汽车维修工量具技能训练实训台、千分尺、压缩空气、清洁布如图11-8所示。

千分尺的选用及使用技能训练

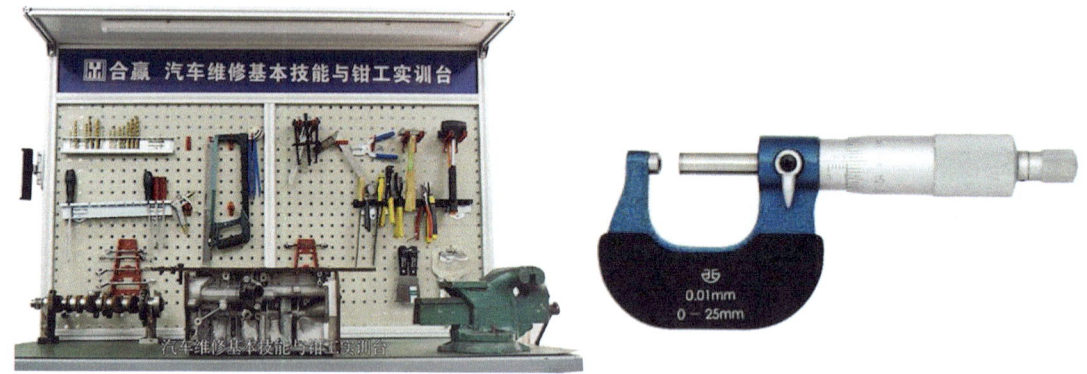

图11-8 实训器材

2. 操作步骤

(1) 清洁待测工件，用压缩空气和清洁布对凸轮轴和V形块进行清洁，保证表面无污渍（图11-9）。

(2) 将V形块以合适的距离垂直平稳放置在实训台上，再把凸轮轴按同一轴线放在V形块上。

(3) 正确选用千分尺。为了确保测量的精度，应该根据待测工件的尺寸选用相应规格的千分尺，并清洁和检查选用的千分尺（图11-10）。

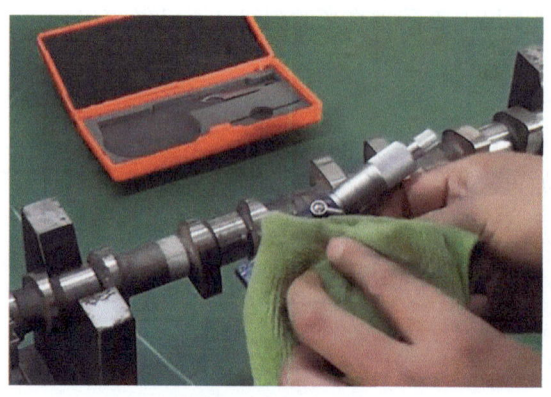

图11-9 清洁

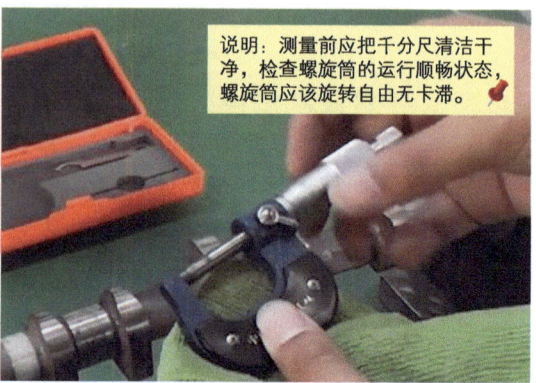

说明：测量前应把千分尺清洁干净，检查螺旋筒的运行顺畅状态，螺旋筒应该旋转自由无卡滞。

图11-10 检查

（4）千分尺使用前零点校正：①仔细清理测定面后，将标准量规夹在测轴和砧子之间，慢慢转动限荷棘轮，当棘轮转动一圈半并发出 2~3 次"咔咔"声后，即能产生正确的测定压力，检视指示值（0~25mm 量程的千分尺可直接校零）。②活动套管前端面应在固定套筒的"0"刻线位置，且活动套管上的"0"刻线要与固定套筒的基准线对齐。若两者中有一个"0"刻线不能对齐，则该千分尺有误差，应检查调整后才能继续测量（图 11-11）。

（5）取出千分尺，手握绝热垫，将凸轮轴放在固定测砧和移动测杆间，选择最大测量位置（避免油孔位置），然后用右手转动微分筒花纹处，上下方向进行测量。旋动测微螺杆与被测轴颈接触，在接触到工件时，改用测力装置微转，旋转限荷棘轮一圈左右并发出 2~3 次"咔咔"声后，即产生适当的测定压力，锁紧千分尺（图 11-12）。

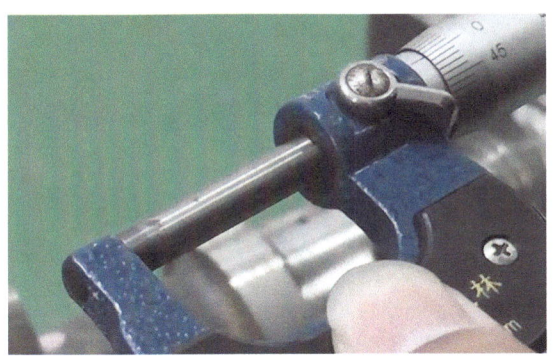

图 11-11　千分尺零点校正

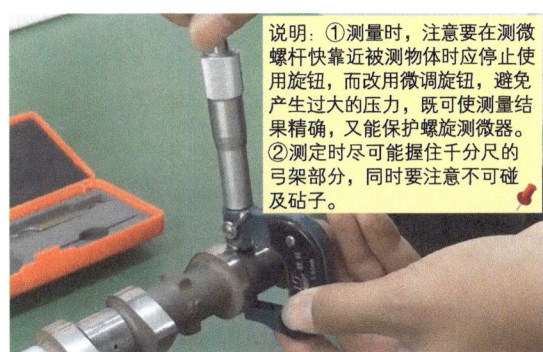

图 11-12　测量

（6）数据的读取，应把千分尺水平的拿着，朝着亮光的方向，使人的视线尽可能和千分尺的刻线表面垂直，正对游标刻度，看准对齐刻度，目光不能斜视，以减少误差（图 11-13）。

（7）数据的处理。在零件的同一截面上的不同方向进行测量。对于较长零件，则应当在全长的各个部位进行测量。取三个数值的平均值作为最终测量值。

3. 现场整理

（1）将测量所用的千分尺清洁干净，放进包装盒（图 11-14）。
（2）清洁待测工件及检测平台，确保待测件及检测台清洁。
（3）将检测过程中产生的各种垃圾分类处理，保护环境。

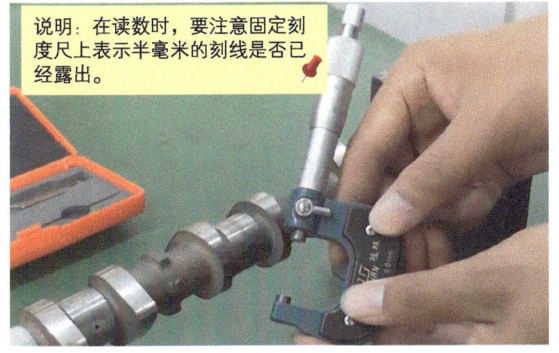

图 11-13　数据读取

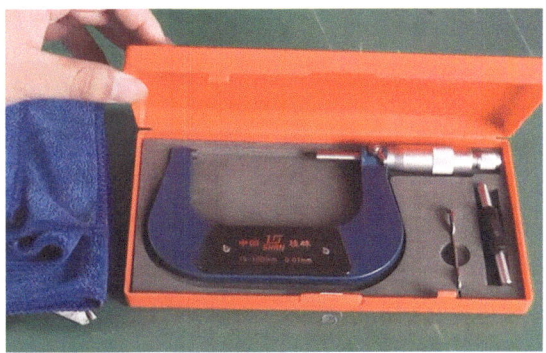

图 11-14　整理千分尺

学习拓展

有误差千分尺的检查调整

如果千分尺零点经调整套筒和微分筒的零刻度仍不能对齐,说明千分尺有偏差,应先检查测定面接触状况是否良好,然后再根据误差的大小进行调整(图 11-15)。

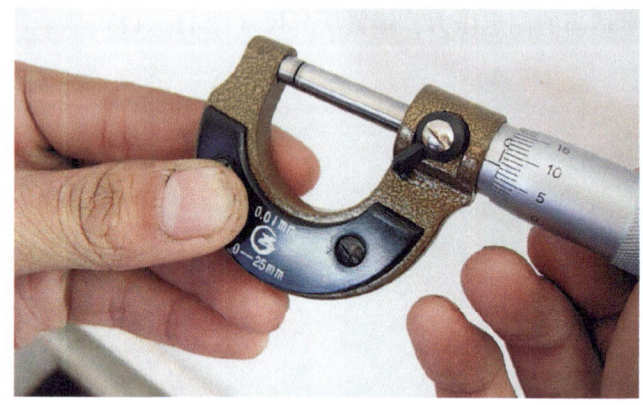

图 11-15 千分尺零点检查

当误差在 0.02mm 以下时,把调整扳手的前端插入固定套筒内,转动套筒使活动套管的"0"刻线和套筒上的基准线对齐,经几次调整后,再进行零点检查。若还有偏差则根据上述方法再次调整(图 11-16)。

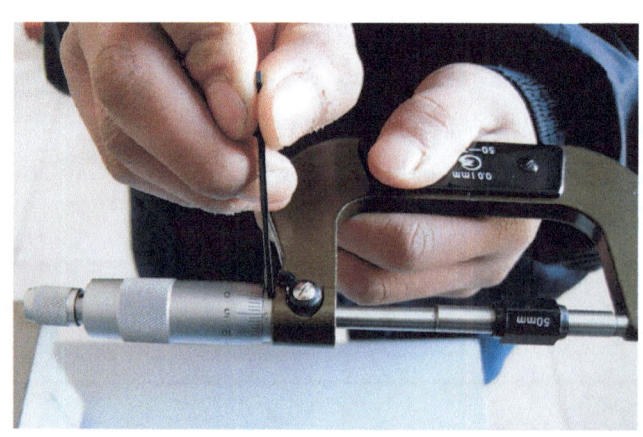

图 11-16 千分尺零点校正(一)

当误差在 0.02mm 以上时的调整步骤如下:
(1)使用调整扳手紧固活动套管和测轴,如图 11-17 所示。
(2)松解棘轮螺钉,转动套管大致调整零点的偏差在 0.02mm 以下后,紧固棘轮螺钉,如图 11-18 所示。

（3）再次进行零点校正，确定误差在 0.02mm 以下后，再按前项利用固定套筒进行微调，如图 11-19 所示。

图 11-17　千分尺零点校正（二）

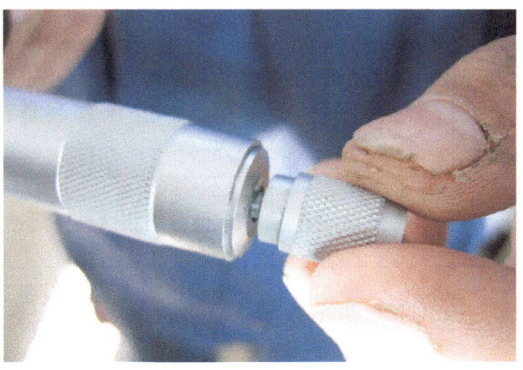

图 11-18　千分尺零点校正（三）

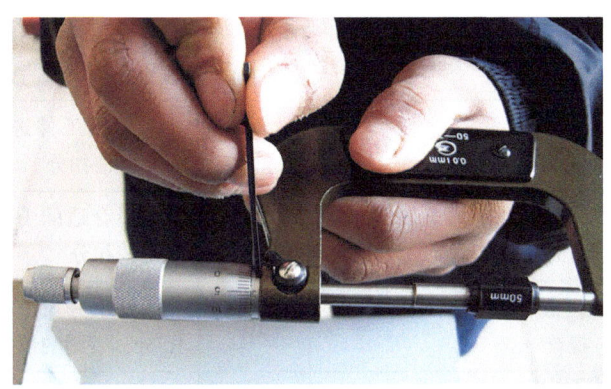

图 11-19　千分尺零点校正（四）

评价与反馈

序号	评价项目	分值	自评（30%）	互评（30%）	教师评（40%）
1	着装符合要求	10			
2	积极主动、有兴趣地参与	10			
3	查找维修手册等相关资料	10			
4	能合理规范地使用仪器和设备	15			
5	按照安全和规范的流程操作	15			
6	遵守学习、实训场地的规章制度	15			
7	能保持学习、实训场地整洁	15			
8	团结协作情况	10			

汽车维修工量具使用及钳工基础技能训练

技能考核标准

技能考核项目		操作内容	规定分值	评分标准	得分
课前准备	劳动保护	个人工作服着装清洁整齐	5	个人工作服着装清洁整齐得5分，否则酌情扣分	
	集队	课前分组集队整齐迅速	5	课前分组集队整齐迅速得5分，否则酌情扣分	
任务实施及操作	场地准备	检查场地布置及设备运行用电需要	5	检查场地布置及设备运行用电需要得5分，否则酌情扣分	
	设备准备	测量所需量具及耗材齐全	5	测量所需量具及耗材齐全得5分，否则酌情扣分	
	待测工件准备	待测工件准备到位	5	待测工件准备到位得5分，否则酌情扣分	
	测量前准备	对待测工件进行清洁	5	对待测工件进行清洁得5分，否则酌情扣分	
	选择工具	能根据待测工件选择合适的千分尺	5	选择合适的千分尺得5分，否则酌情扣分	
	清洁、检查	能对千分尺进行清洁、检查	10	做好千分尺进行清洁、检查得10分，否则酌情扣分	
	校正	千分尺校零	5	做好千分尺校零得5分，否则酌情扣分	
	测量	能使用千分尺测量凸轮轴直径	20	能使用千分尺测量凸轮轴直径得20分，否则酌情扣分	
	测量数据处理	能准确读出读数，并且记录在对应工单	10	能准确读出千分尺上的读数，并且记录在对应工单得10分，否则酌情扣分	
6S管理	现场管理	整个操作过程现场布局合理，按6S要求完成操作	20	整个操作过程现场布局合理，操作过程符合6S规范得20分，否则酌情扣分	
总分					

082

任务 12
百分表的选用及使用技能训练

学习目标

● 知识目标
1. 能够描述百分表的作用和组成。
2. 能够正确读取百分表的读数。

● 技能目标
1. 能够利用百分表对汽车相关零件进行测量,并且准确处理测量结果。
2. 会对百分表进行维护保养。

建议课时:
2 课时

任务描述

汽车检测与维修作业中常会遇到需要测量工件的尺寸和形状、位置误差以及配合间隙等操作,如在判断曲轴和凸轮轴的振动、弯曲的、平行度和平面度等是否符合要求时,就需要借助百分表来检测。

知识准备

一、百分表的结构认识

百分表是利用指针和刻度将心轴移动量放大来表示测量尺寸,主要用于测量工件的尺寸误差以及配合间隙。一般汽车修理厂采用最小刻度为 1~100mm 的百分表。百分表也可以和夹具配合使用。百分表根据测量头结构分为四类:长型百分表,主要适用在有限空间中使用;辊子型百分表,主要用于轮胎的凸凹面测量;杠杆型百分表,主要用于测量不能直接接触的部件;平板型百分表,主要用于测量活塞突出部分等,如图 12-1 所示。百分表类型见图 12-2。

百分表的构造主要由表体部分、传动系统、读数装置等三个部件组成。其工作原理是:将被测尺寸引起的测杆微小直线移动,经过齿轮传动放大,变为指针在刻度盘上的转动,从而读出被测尺寸的大小。百分表的结构及原理示意图见图 12-3。测量头和心轴的移动量带动驱动小齿轮 2 转动,再利用同轴上的传动齿轮传递给第二小齿轮 4 转动,于是装置在第二小齿轮上的指针即能放大心轴的移动量显示刻度盘上。而长指针 5 每转一周相当于 1mm 的测杆移动量,将刻度盘 100 等份,所以测量移动量可精确到 1~100mm。短指针 7 每格读数为 1mm。测量时指针读数的变动量即为尺寸变化量。刻度盘可以转动,以便测量时大指针对准零刻线。

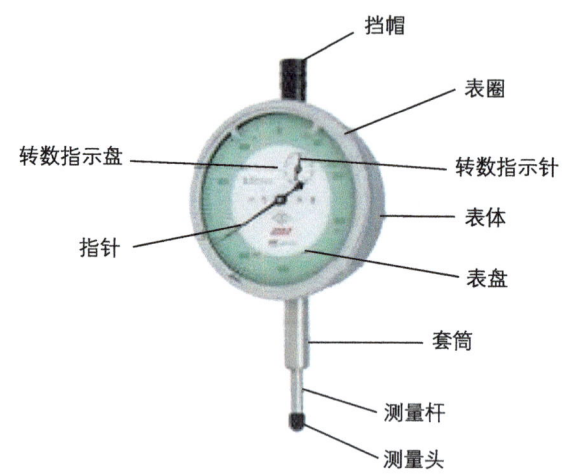

图 12-1 百分表

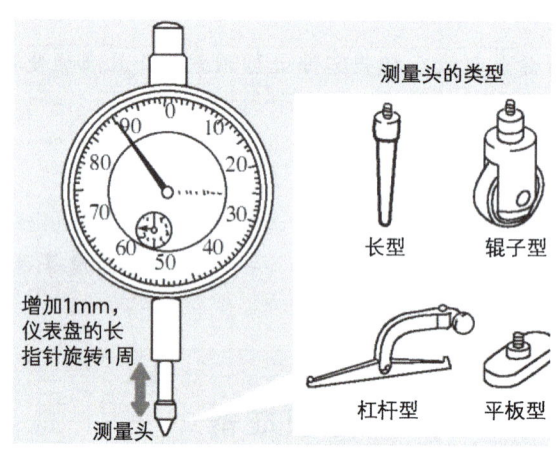

图 12-2 百分表类型

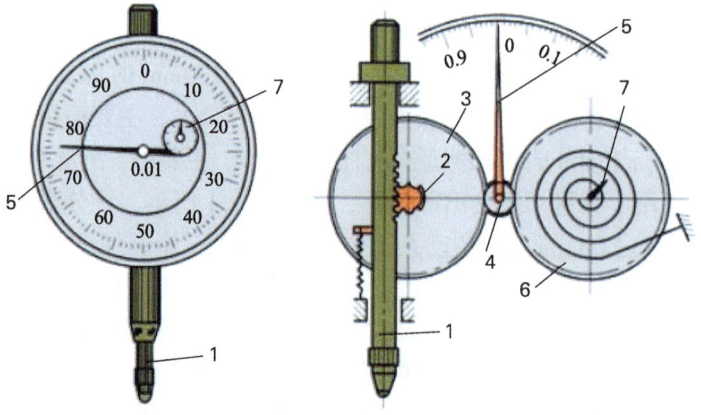

1—测量头　2—驱动小齿轮　3—传动大齿轮（与驱动小齿轮同轴）
4—第二小齿轮　5—长指针　6—大齿轮（带回位簧丝）　7—小指针

图 12-3 百分表结构原理

二、百分表的读数

百分表表盘刻度如图 12-4 所示，当测量头每移动 1.0mm 时，大指针偏转 1 周，小指针偏转 1 格。百分表表盘 1 周分为 100 格，即：大指针偏转 1 格相当测量头移动 0.01mm，小指针偏转 1 格相当于 1mm。

百分表的读数方法为：先读小指针转过的刻度线（即毫米整数），再读大指针转过的刻度线（即小数部分），并乘以 0.01，然后两者相加，即得到所测量的数值。

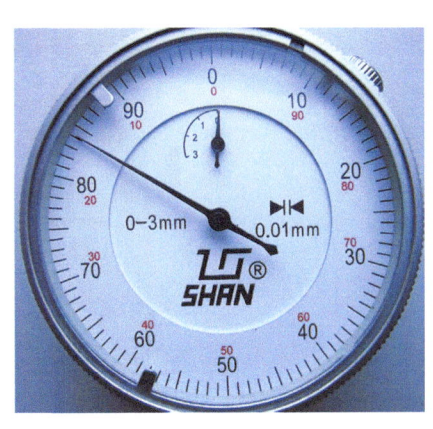

图 12-4　百分表刻度

三、百分表的使用及注意事项

1. 百分表的使用

百分表要装设在支座上才能使用。在支座内部设有磁铁，旋转支座上的旋钮使表座吸附在工具台上，因而又称磁性表座，如图 12-5 所示。此外，百分表还可以和夹具、V 形槽、检测平板和顶心台合并使用，能完成曲轴圆跳动量、平面与平行度、弯曲和振动态的测定或检查。

2. 百分表使用注意事项

不能用百分表去测量表面粗糙度的毛坯工件或者凹凸变化量很大的工件，防止过早损坏表的零件。使用中，应避免量杆过多地做无效运动，以防加快传动件的磨损。

图 12-5　磁性表座装百分表

测量时，量杆的移动不宜过大，更不可超过它的量程终止端，绝对不可敲打表的任何部位，以防损坏表的零件。

不要无故拆卸表内零件，不许将表浸放在冷却液或其他液体内使用。

百分表使用后，要擦净装盒，不能任意涂擦油类，以防粘上灰尘影响灵活性。

任务实施

一、使用百分表测量发动机凸轮轴的圆跳动

1. 准备实训器材

汽车维修工量具技能训练实训台、百分表、磁性表座如图 12-6 所示。

汽车维修工量具使用及钳工基础技能训练

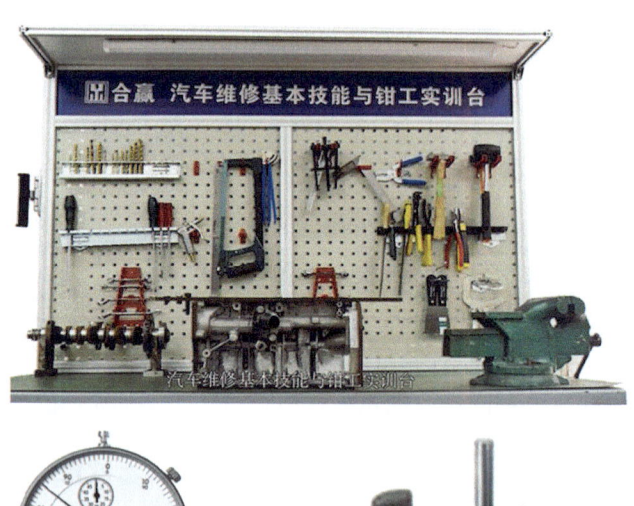

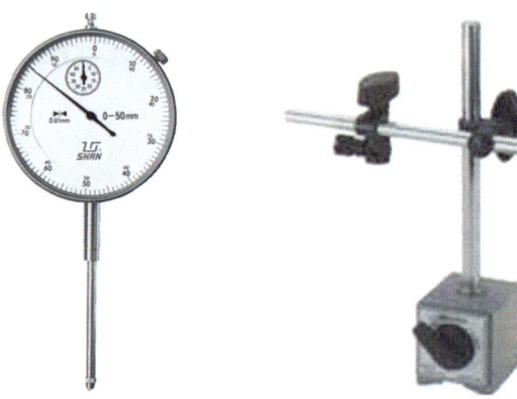

图 12-6 实训器材

2. 操作步骤（图 12-7）

百分表的选用及
使用技能训练

清洁待测工件，用压缩空气和清洁布对凸轮轴和V形块进行清洁，保证表面无污渍，将V形块以合适的距离垂直平稳放置在实训台上，再把凸轮轴按同一轴线放在V形块上。

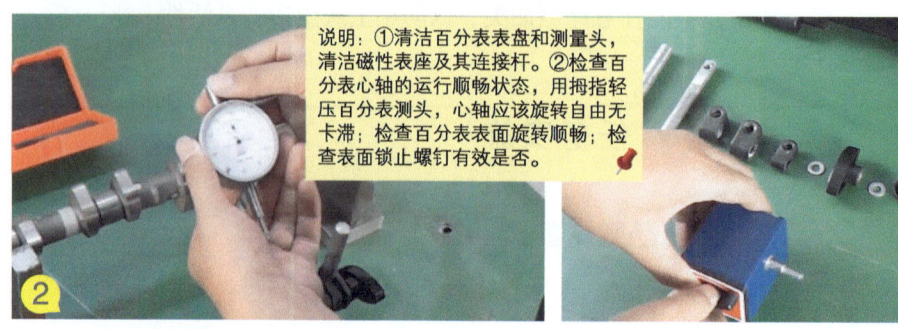

说明：①清洁百分表表盘和测量头，清洁磁性表座及其连接杆。②检查百分表心轴的运行顺畅状态，用拇指轻压百分表测头，心轴应该旋转自由无卡滞；检查百分表表面旋转顺畅；检查表面锁止螺钉有效是否。

清洁、检查百分表及磁性表座。

图 12-7 操作步骤

086

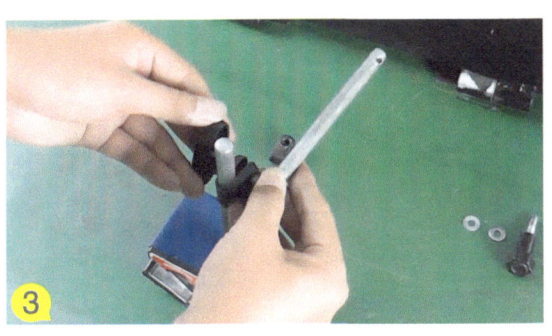
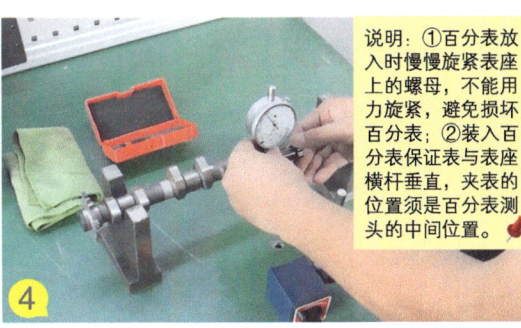

③ 组装磁性表座，清点磁力表座零件，将磁力表座锁止在桌面（旋钮转到 ON 位置），按照先安装竖杆再安装横杆，再安装百分表座的顺序安装。

④ 将百分表安装到磁力表座上。

说明：①百分表放入时慢慢旋紧表座上的螺母，不能用力旋紧，避免损坏百分表；②装入百分表保证表与表座横杆垂直，夹表的位置须是百分表测头的中间位置。

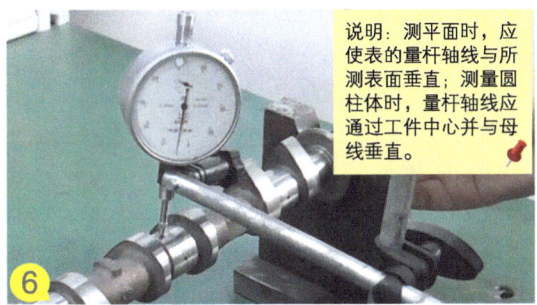

⑤ 百分表校对零位，选择凸轮轴轴颈待测部位，将百分表心轴按下凸轮轴轴颈最高点，表内小指针有 0.3～1.0mm 的压缩量，再紧住表。旋转表的外圈，使度盘"0"对准指针，锁紧调整螺母。

说明：对好零位后，应反复几次提落防尘帽（升落 1~2mm），待针位稳定后方可旋转外圈对零，对零后还要反复见表的稳定性，直到针位既稳又准，方可使用。

⑥ 测量凸轮轴圆跳动，缓慢旋转凸轮轴仔细观察百分表长针旋转方向及变化最大值。

说明：测平面时，应使表的量杆轴线与所测表面垂直；测量圆柱体时，量杆轴线应通过工件中心并与母线垂直。

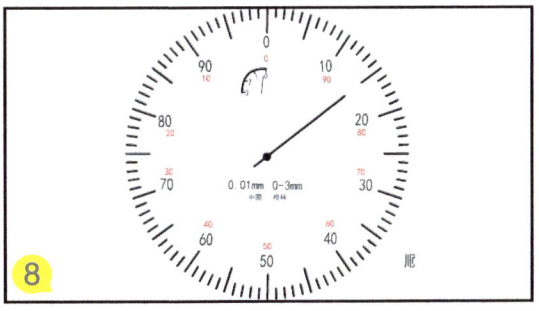

⑦ 读取数据。测量过程中，大针每转一格即为 0.01mm，小指针偏转 1 格相当于 1mm，大指针转一圈。测量时，应记住大小指针的起始值，待测量后所测取值再减去起始值。读数时，应正对表盘看指针位置，看准对齐刻度，以防出现视差。如果指针停在刻线之间，可以估读，估读到千分位。

⑧ 数据处理。如果在测量中出现长指针逆时针偏离 0 刻度现最大值是 2 格，顺时针偏离 0 刻度现最大值是 1 格，小指针未出现偏离超过 1 格，即测得圆跳动值为 $(2+1) \times 0.01 = 0.03$mm，做好记录。

图 12-7 操作步骤（续）

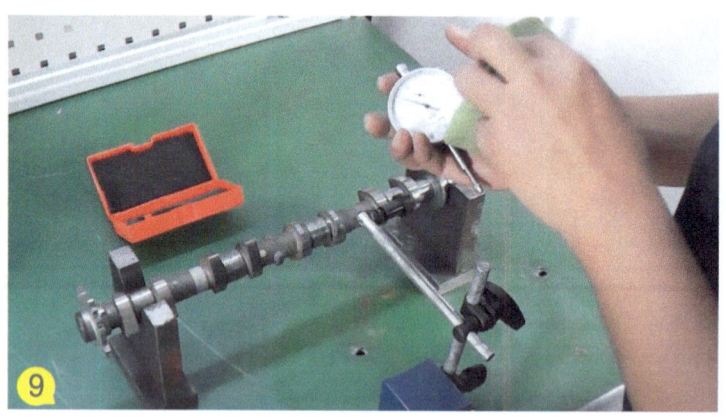

拆分清洁百分表及磁性表座。

图 12-7 操作步骤（续）

3. 测量现场整理

（1）将测量所用的百分表清洁干净，涂抹防护油，放进包装盒。

（2）清洁待测工件及检测平台，确保待测件及检测台清洁。

（3）将检测过程中产生的各种垃圾，分类处理，保护环境。

评价与反馈

序号	评价项目	分值	自评（30%）	互评（30%）	教师评（40%）
1	着装符合要求	10			
2	积极主动、有兴趣地参与	10			
3	查找维修手册等相关资料	10			
4	能合理规范地使用仪器和设备	15			
5	按照安全和规范的流程操作	15			
6	遵守学习、实训场地的规章制度	15			
7	能保持学习、实训场地整洁	15			
8	团结协作情况	10			

技能考核标准

技能考核项目		操作内容	规定分值	评分标准	得分
课前准备	劳动保护	个人工作服着装清洁整齐	5	个人工作服着装清洁整齐得5分，否则酌情扣分	
	集队	课前分组集队整齐迅速	5	课前分组集队整齐迅速得5分，否则酌情扣分	
任务实施及操作	场地准备	检查场地布置及设备运行用电需要	5	检查场地布置及设备运行用电需要得5分，否则酌情扣分	
	设备准备	测量所需量具及耗材齐全	5	测量所需量具及耗材齐全得5分，否则酌情扣分	
	待测工件准备	待测工件准备到位	5	待测工件准备到位得5分，否则酌情扣分	
	测量前准备	对待测工件进行清洁	5	对待测工件进行清洁得5分，否则酌情扣分	
	选择工具	能根据待测工件选择合适的百分表	5	选择合适的百分表得5分，否则酌情扣分	
	清洁、检查	能对百分表进行清洁、检查	5	做好百分表进行清洁、检查得5分，否则酌情扣分	
	安装量具	1. 组装磁性表座 2. 安装百分表	20	1. 组装磁性表座得10分，否则酌情扣分 2. 安装百分表得10分，否则酌情扣分	
	校正	百分表校对零位	10	百分表校对零位得10分，否则酌情扣分	
	测量	能使用百分表测量凸轮轴圆跳动	10	能使用百分表测量凸轮轴直径10分，否则酌情扣分	
	测量数据处理	能准确读出读数，并且处理数据记录在对应工单	10	能准确读出测得的数据，并且处理数据记录在对应工单得10分，否则酌情扣分	
6S管理	现场管理	整个操作过程现场布局合理，按6S要求完成操作	10	整个操作过程现场布局合理，操作过程符合6S规范得10分，否则酌情扣分	
总分					

任务 13 量缸表的选用及使用技能训练

学习目标

● 知识目标
1. 能够描述量缸表的作用和组成。
2. 能认识并读取量缸表的读数。

● 技能目标
1. 能够利用量缸表对气缸磨损进行测量,并且准确处理测量结果。
2. 会组装、整理量缸表并进行维护保养。

建议课时:2 课时

任务描述

汽车维修中通常需要检测发动机气缸的缸径和磨损量,根据气缸的磨损程度判定发动机是否需要大修。量缸表就是用于检测气缸磨损量的汽修专用测量工具。

知识准备

一、量缸表的结构认识

量缸表也叫内径百分表,是利用百分表制成的测量仪器,也是用于测量孔径的比较性测量工具。在汽车维修中,量缸表通常用于测量气缸的磨耗量及内径,如图 13-1 所示。

量缸表主要包括百分表、表杆、替换杆件和替换杆件紧固螺钉等,如图 13-2 所示。

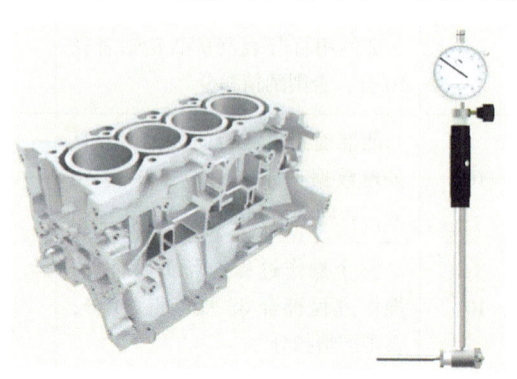

图 13-1 量缸表

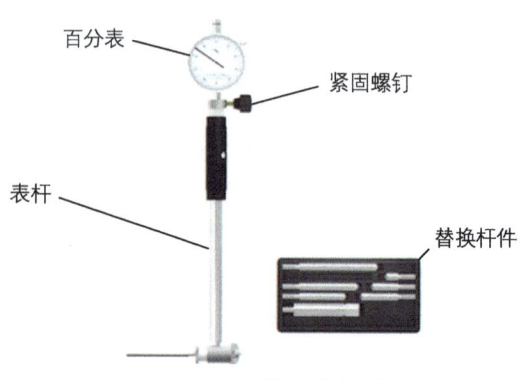

图 13-2 量缸表结构

二、量缸表的读数

百分表表盘刻度分为 100 格，当测量头每移动 0.01mm 时，大指针偏转 1 格。大指针偏转 1 周，小指针偏转 1 格相当于 1mm。另外，当大指针顺时针转过刻度盘上的 "0" n 个刻度时，说明所测值比标准值大 n 个 0.01mm；反之，则小 n 个 0.01mm。

三、量缸表使用注意事项

（1）根据被测工件孔的内径，选取合适的连杆。气缸标准值可以通过查阅发动机维修手册取得，对于无法查阅手册的发动机，可以用游标卡尺粗量气缸体最顶端尺寸，作为开表基准。

（2）百分表的预压值为 1~2mm。百分表的刻度盘和测量者相对，但与连杆的位置错开 180°，这样方便测量者读数。

（3）量缸表指针调到 "0" 位后，将量缸表从千分尺取下后就不能再调整指针。

（4）使用过程中，百分表要小心轻放。量缸表不要测量太毛糙或有沟痕的内孔，以免影响检测数值。

（5）量缸表不使用时，应解除全部负荷，并将其各部分干净整齐地放在盒中，妥善保管。

任务实施

使用量缸表测量发动机气缸体磨损

1. 准备实训器材

汽车维修工量具技能训练实训台、量缸表、游标卡尺、千分尺如图 13-3 所示。

量缸表的选用及使用技能训练

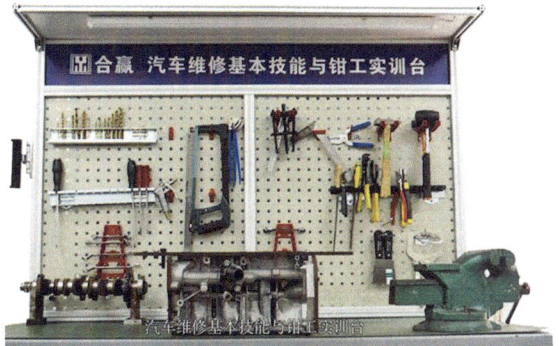
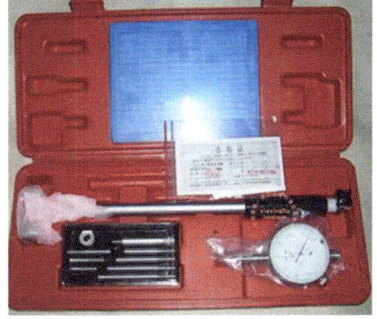

图 13-3　实训器材

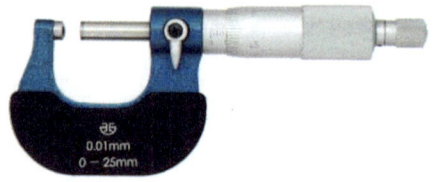

图 13-3　实训器材（续）

2. 操作步骤（图 13-4）

① 用压缩空气清洁气缸体内部，并检查是否有明显的划痕，清洁工作台检查工量具。

② 使用游标卡尺测量气缸直径，用游标卡尺测量缸径后获得基本尺寸，以这个长度作为选择合适杆件的参考。

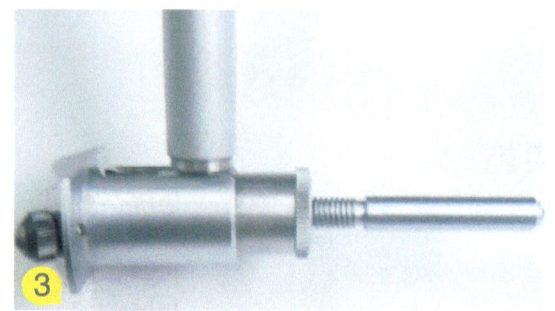

③ 再根据所测缸径的基本尺寸选用合适的替换杆件和调整垫圈。

图 13-4　操作步骤

3. 组装量缸表（图 13-5）

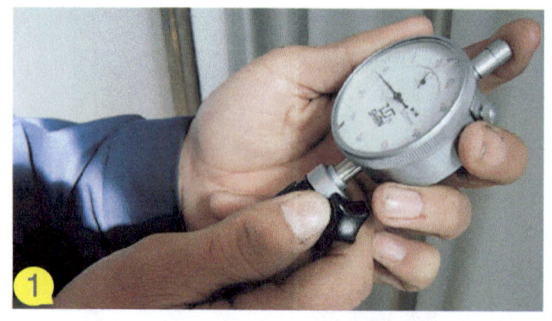
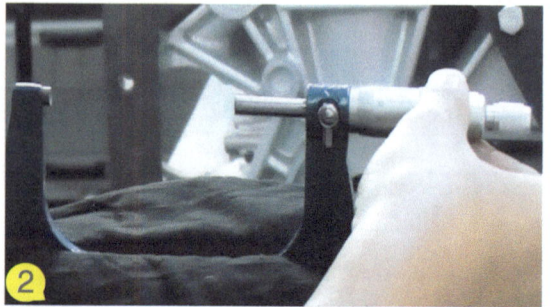

① 选用、检查和组装百分表，将百分表插入表杆上部，预先压紧 0.5~1.0mm 后固定，并将指针调回到"0"位。

② 根据游标卡尺测得的数据，将千分尺设置到由游标卡尺取得的标准尺寸，锁紧测微螺杆，用夹具固定住千分尺尺身（千分尺使用见前）。

图 13-5　组装量缸表

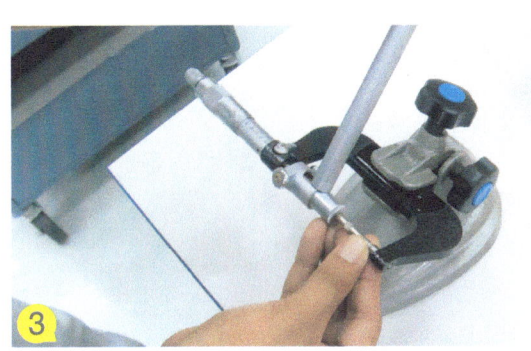 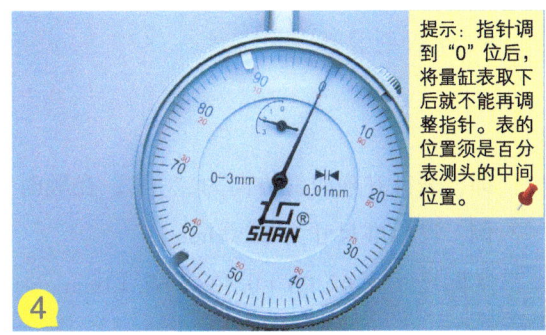

用夹具固定住千分尺尺身；选择一根合适的固定测量杆和一个调整垫圈。将测量杆放入千分尺的两个测砧之间调整固定测量杆。

根据所测缸径的基本尺寸选用合适的替换杆件和调整垫圈，使量杆长度比缸径大 0.5～1.0mm，使百分表的测量杆有 0.5～1.0 mm 的移动量（指针向右旋转 0.5～1 圈），锁紧百分表并将指针调回到"0"位。

提示：指针调到"0"位后，将量缸表取下后就不能再调整指针。表的位置须是百分表测头的中间位置。

图 13-5　组装量缸表（续）

4. 确定测量位置

在量缸表上画出气缸上、中、下三个测量点的位置，测量位置在距气缸套上平面 10mm 处、气缸套中间位置、和距气缸套下端面 10mm 处三个位置（图 13-6）。每处测量位置都要测量其横向和纵向两个方向。

5. 气缸直径的测量

（1）先将量缸表的活动测头以一定的角度放进气缸中，然后用手压住量缸表的橡胶杆身，慢慢地移动杆身使其与气缸的轴线平行，如图 13-7a 所示。

（2）左右（或者上下）移动量缸表寻找最短或最长距离的位置，即气缸内径的最小或最大值。注意量缸表长针旋转方向及变化最大值，如图 13-7b 所示。

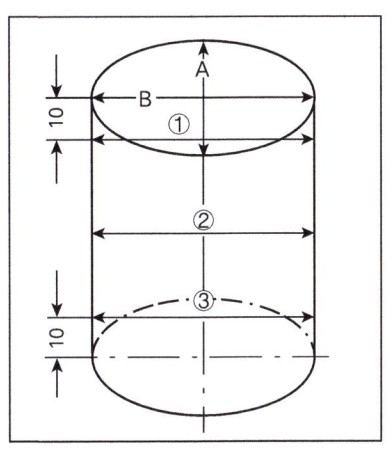

图 13-6　测量位置

a)　　　　　　　　　　　　b)

图 13-7　气缸直径的测量

6. 读取测量值

$$实际尺寸 = 标准尺寸 \pm 量缸表读数$$

即，表针在逆时针方向为"＋"；在顺时针方向为"－"。

例：设标准尺寸为 62.00mm，

实际尺寸 = 62.00 + 0.13 = 62.13mm。

 拓展学习

计算气缸的圆度和圆柱度公式如下：

圆度 =（测量最大值 – 测量最小值）/2（同一截面上的两个数据）

圆柱度 =（测量最大值 – 测量最小值）/2（三个截面的所有数据）

7. 测量现场整理

（1）将测量所用的百分表清洁干净，涂抹防护油，放进包装盒。

（2）清洁待测工件及检测平台，确保待测件及检测台清洁。

（3）将检测过程中产生的各种垃圾，分类处理，保护环境。

评价与反馈

序号	评价项目	分值	自评（30%）	互评（30%）	教师评（40%）
1	着装符合要求	10			
2	积极主动、有兴趣地参与	10			
3	查找维修手册等相关资料	10			
4	能合理规范地使用仪器和设备	15			
5	按照安全和规范的流程操作	15			
6	遵守学习、实训场地的规章制度	15			
7	能保持学习、实训场地整洁	15			
8	团结协作情况	10			

技能考核标准

技能考核项目		操作内容	规定分值	评分标准	得分
课前准备	劳动保护	个人工作服着装清洁整齐	5	个人工作服着装清洁整齐得5分，否则酌情扣分	
	集队	课前分组集队整齐迅速	5	课前分组集队整齐迅速得5分，否则酌情扣分	
任务实施及操作	场地准备	检查场地布置及设备运行用电需要	5	检查场地布置及设备运行用电需要得5分，否则酌情扣分	
	设备准备	测量所需量具及耗材齐全	5	测量所需量具及耗材齐全得5分，否则酌情扣分	
	待测工件准备	待测工件准备到位	5	待测工件准备到位得5分，否则酌情扣分	
	测量前准备	对待测工件进行清洁	5	对待测工件进行清洁得5分，否则酌情扣分	
	测出基本尺寸	使用游标卡尺测量气缸直径	5	使用游标卡尺测量出气缸直径得5分，否则酌情扣分	
	清洁、检查	能对量缸表进行清洁、检查	5	做好量缸表进行清洁、检查得5分，否则酌情扣分	
	安装量缸表	1. 组装磁性表座 2. 安装量缸表 3. 量缸表测量杆组装	20	1. 组装磁性表座得5分，否则酌情扣分 2. 安装量缸表得5分，否则酌情扣分 3. 能按测量尺寸对量缸表测量杆组装得10分，否则酌情扣分	
	测量	能使用量缸表测量发动机气缸磨损	20	能使用量缸表测量发动机气缸磨损量得20分，否则酌情扣分	
	测量数据处理	能准确读出读数，并且处理数据记录在对应工单	10	能准确读出测得的数据，并且处理数据记录在对应工单得10分，否则酌情扣分	
6S管理	现场管理	整个操作过程现场布局合理，按6S要求完成操作	10	整个操作过程现场布局合理，操作过程符合6S规范得10分，否则酌情扣分	
总分					

项目四
汽车维修钳工基本技能训练

任务 14
锤击类工具的选用及使用技能训练

学习目标

● 知识目标
1. 了解锤子作为工具在汽车维修中的作用。
2. 了解锤子的类型和使用用途。

● 技能目标
1. 掌握锤子使用的正确方法。
2. 熟悉锤子使用的安全操作和注意事项。

建议课时：**4课时**

任务描述

汽车维修和装配作业中会遇到手工拆装和加工紧固各种部件、组合件等情况，汽车维修人员需要运用锤子敲击工件，使工件产生位移、振动，从而达到校正、松动、拆卸和紧固等目的。

知识准备

一、锤子的认识

锤子也称榔头或手锤，属于捶击类工具，主要用于捶击錾子、样冲等工具或用来敲击工件，使工件变形、产生位移、振动，从而达到校正、整形等目的，如图14-1所示。

1. 锤子的分类

锤子按锤头形状不同可分为圆头锤、方锤、钣金锤等，按锤头材料不同可分为铁锤、软面锤（木头锤、橡胶锤、塑料锤）等，如图14-2所示。

图14-1 铁锤的使用

锤击类工具的选用及使用技能训练 **任务 14**

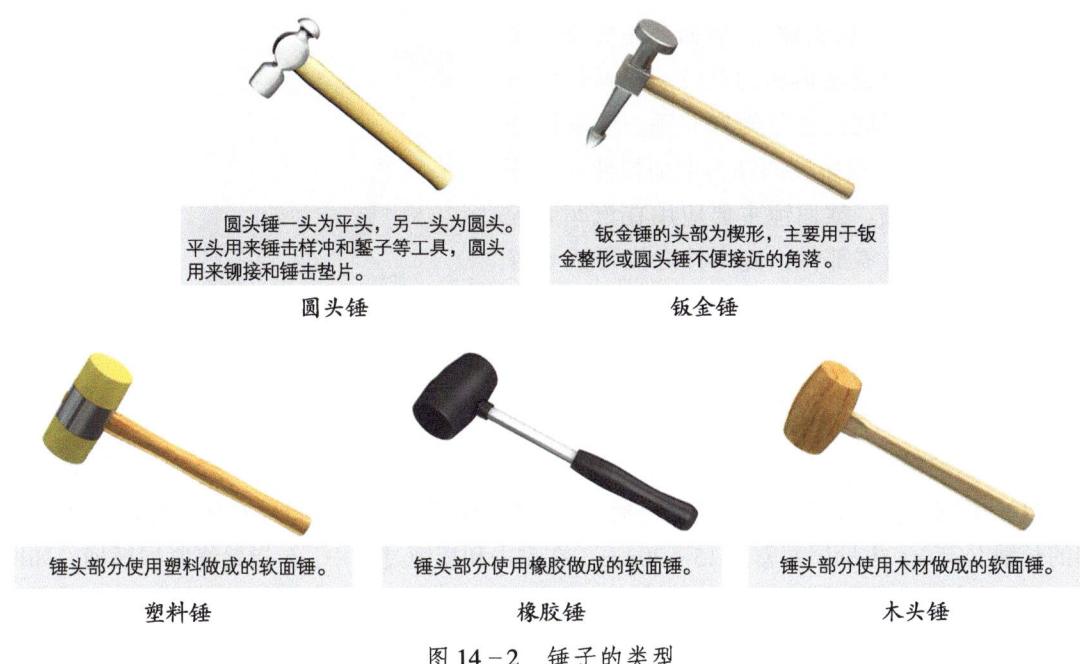

图 14-2 锤子的类型

2. 对各类锤子的认知

（1）铁锤：铁锤锤头的材料多由碳素工具钢锻制而成，在汽车维修中经常用到的铁锤有圆头锤、方锤、钣金锤等（图 14-3）。铁锤按照锤头的结构形状和用途，主要分为圆头锤和方形锤，其大小一般是按照锤子的英制重量来定的，如 5lb、8lb 等（1lb = 454/g）。圆头锤是最常用的一种锤子，一头为平头，另一头为圆头。平头用来锤击样冲和錾子等工具，圆头用来铆接和锤击垫片。方锤又称大锤，制造材料为高碳钢，主要用于重型击打，在汽车维修中并不常用。钣金锤的头部为楔形，主要用于钣金整形或圆头锤不便接近的角落。

 注意：严禁使用铁锤直接锤击配合表面及易损部位，因为铁锤的打力很大，会损坏低硬度材料制成的部件，例如铝制外壳或气缸盖等，如图 14-4 所示。

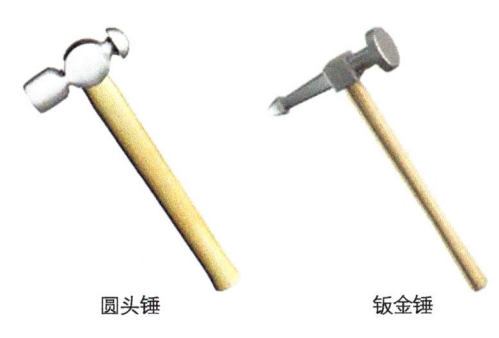

图 14-3 铁锤

图 14-4 铁锤错误使用

097

(2) 软面锤（软头锤）：软面锤主要用来击打不允许留下痕迹或易损坏的部位。根据软面锤头部使用材料的不同，可分为橡胶锤、塑料锤和木锤（图 14 - 5）。很多软面锤为增加惯性在内部装有铅或铜等金属。软面锤主要应用在汽车装配过程中，用于敲击零部件，使零件之间形成更好的配合。

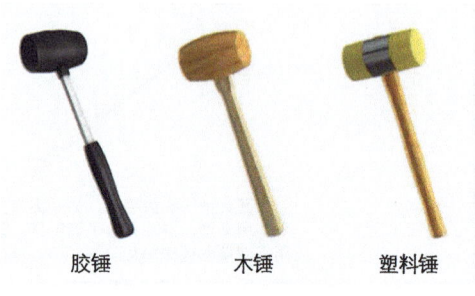

图 14 - 5　软面锤

二、锤子的使用方法

1. 锤子的握法

（1）紧握法：右手 5 个手指紧握锤柄，大拇指合在食指上，虎口对准锤头方向（木柄椭圆的长轴方向），木柄尾端露出 15 ~ 30mm。在敲击和挥锤过程中，5 指始终紧握锤柄，如图 14 - 6 所示。

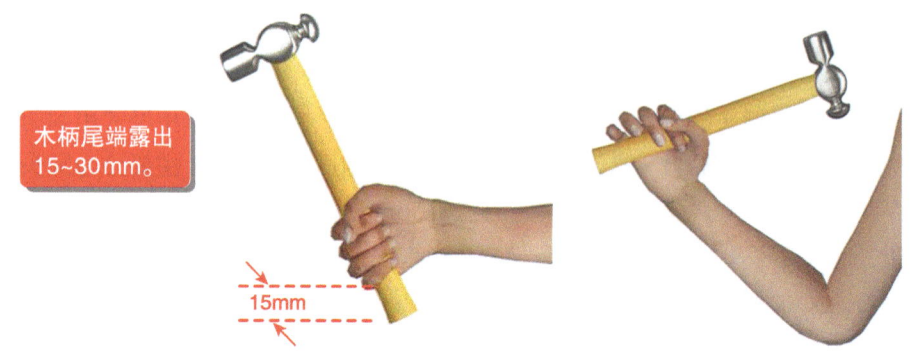

图 14 - 6　紧握法　　　　　　图 14 - 7　松握法

（2）松握法：只有大拇指和食指始终握紧锤柄，其余 3 指在挥锤时，按小指、无名指、中指顺序依次放松。在敲击时，以相反的次序收拢握紧，这种方法的优点是手不易疲劳，且产生的敲击力较大，如图 14 - 7 所示。手握锤柄的位置不要太靠近锤头，而要尽量靠近手柄的末端，因为这样打击时才会更省力、更灵活。

2. 挥锤方法

在实际操作中，根据对加工工件捶击力量的不同要求，挥锤方法有 3 种，如图 14 - 8 所示。

（1）腕挥：挥锤时仅用手腕的动作来进行捶击运动，采用紧握法握锤，捶击力小，一般应用于需求捶击力较小的加工工作。

（2）肘挥：挥锤时手腕与肘部一起挥动完成捶击运动，采用松握法握锤，敲击力较大，这是一种常用的挥锤方法。

（3）臂挥：挥锤时腕、肘和臂联合动作，锤头要过耳背，捶击力最大，适用于需要大锤击力的工件。这种方法费力大，较难掌握，但只要掌握了臂挥，其他两种方法也就容易掌握了。

锤击类工具的选用及使用技能训练 | 任务14

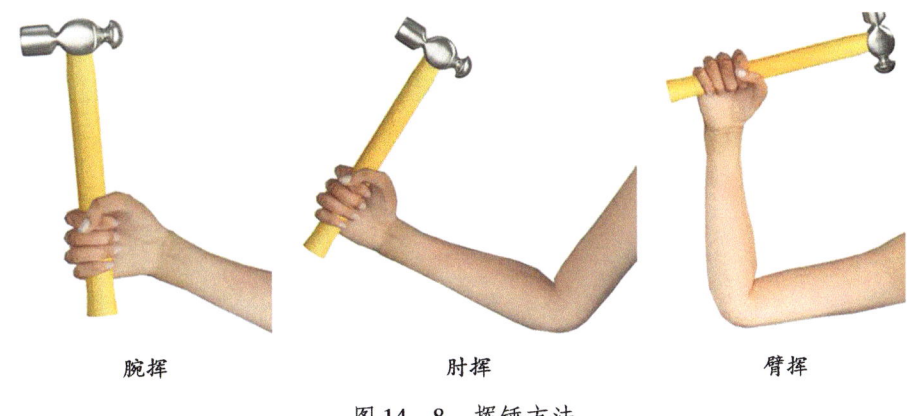

腕挥　　　肘挥　　　臂挥

图 14-8　挥锤方法

任务实施

使用手锤安装发动机气缸盖壳体定位销

1. 准备实训器材（图 14-9）

实训工作台

锤击类工具的选用及
使用技能训练

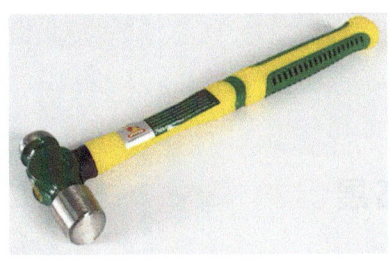

铁锤

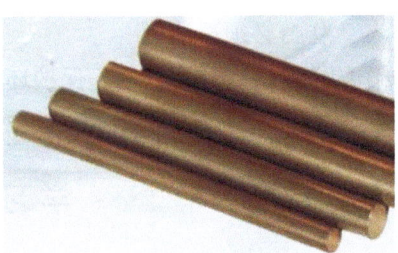

铜棒

图 14-9　实训器材

2. 任务实施

(1) 固定定位销：将定位销用手初步固定在发动机气缸盖壳体的对应位置，如图 14-10 所示。

图 14-10　固定定位销

(2) 安装定位销：取出铜棒，紧握铜棒，并使铜棒和定位销中心线保持垂直状态，切勿完全贴合。取出手锤，握紧锤柄，采用腕挥的方法来进行捶击运动。敲击时，眼睛要注视铜棒，锤头面要和工作面平行，以确保锤面平整地打在工件上，不得歪斜，避免破坏工件表面形状，也防止锤子击偏，造成人员受伤和设备受损，如图 14-11 所示。

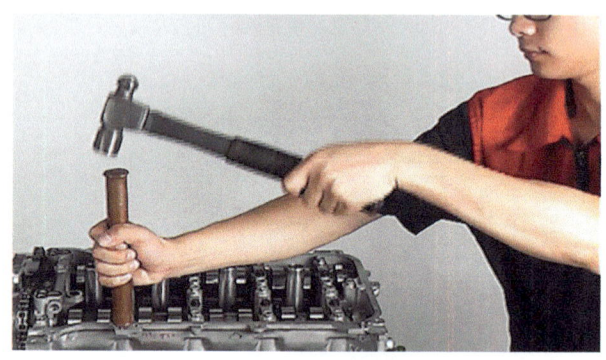

图 14-11　安装定位销

3. 现场整理

(1) 实习后场地应清洁干净，工具放进包装盒。
(2) 工具与工作台必须清洁。
(3) 将操作的铁粉进行分类处理，保护环境。

学习拓展

拓展任务：使用橡胶锤安装变速器的油封

根据图 14-12 结合课程资料完成拓展任务。

锤击类工具的选用及使用技能训练　任务14

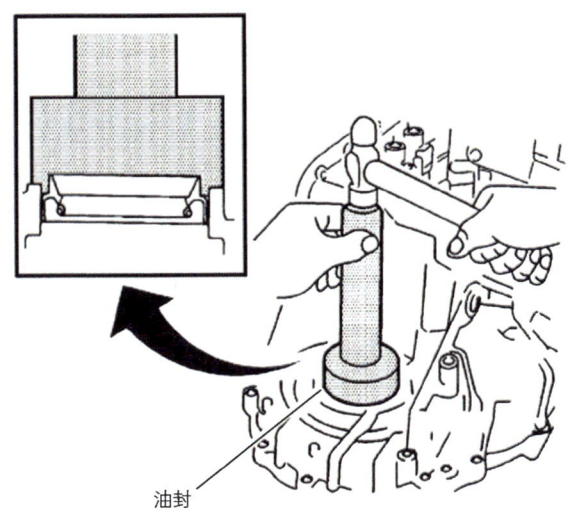

油封

图 14-12　安装变速器的油封

评价与反馈

序号	评价项目	分值	自评（30%）	互评（30%）	教师评（40%）
1	能够描述锤击类工具的类型和用途	10			
2	能够描述铜棒的用途和握法	10			
3	能够掌握圆头锤的握法和挥锤的方法	10			
4	能够利用圆头锤和铜棒对汽车相关零件进行正确敲击	10			
5	能够对锤击类工具进行维护保养	10			
6	具有良好的安全实训意识	10			
7	具备良好的团队合作精神	10			
8	正确使用汽车维修工量具和钳工技能训练实训台	10			
9	确保汽车维修工量具使用和钳工技能训练实训台使用后完整无损	10			
10	学习过程中认真遵守 6S 规范	10			

101

汽车维修工量具使用及钳工基础技能训练

技能考核标准

技能考核项目		操作内容	规定分值	评分标准	得分
课前准备	劳动保护	个人工作服着装清洁整齐	5	个人工作服着装清洁整齐得5分，否则酌情扣分	
	集队	课前分组集队整齐迅速	5	课前分组集队整齐迅速得5分，否则酌情扣分	
任务实施及操作	场地准备	检查场地布置及设备运行用电需要	5	检查场地布置及设备运行用电需要得5分，否则酌情扣分	
	设备准备	所需工具及耗材齐全	5	测量所需量具及耗材齐全得5分，否则酌情扣分	
	待测工件准备	待用工件准备到位	10	待测工件准备到位得10分，否则酌情扣分	
	测量前准备	1. 对加工工件进行清洁 2. 对工具进行清洁检验	10	1. 对待测工件进行清洁得5分，否则酌情扣分 2. 对检测量具进行清洁检验得5分，否则酌情扣分	
	使用锤子拆卸轴承	工具使用是否正确	10	错误一次扣2分	
		能否正常拆装轴承	20	错误一次扣2分	
	结束	1. 整理量具及检测工件 2. 整理检测现场环境	10	1. 整理量具及检测工件得5分，否则酌情扣分 2. 整理检测现场环境得5分，否则酌情扣分	
6S管理	现场管理	整个操作过程现场布局合理，按6S要求完成操作	20	整个操作过程现场布局合理，操作过程符合6S规范得20分，否则酌情扣分	
总分					

任务 15
锉刀的选用及使用技能训练

学习目标

● 知识目标
1. 了解锉刀作为工具在汽车维修中的作用。
2. 了解锉刀的类型和用途。

● 技能目标
1. 掌握锉刀使用的正确方法。
2. 熟悉锉刀使用的安全操作和注意事项。

建议课时：
4 课时

任务描述

汽车维修和装配作业中会遇到手工加工整形一些部件、组合件等情况，汽车维修人员需要运用锉刀对工件表面进行切削加工，使工件产生尺寸、形状、位置以及表面粗糙度的变化，从而保证维修技术质量。本课题主要任务是锉刀的使用。

知识准备

一、锉刀的认识

锉刀是锉削的主要工具，由碳素工具钢制成，锉刀的主要部分是锉面上特制的锉齿纹，如图 15-1 所示。锉刀的结构如图 15-2 所示。

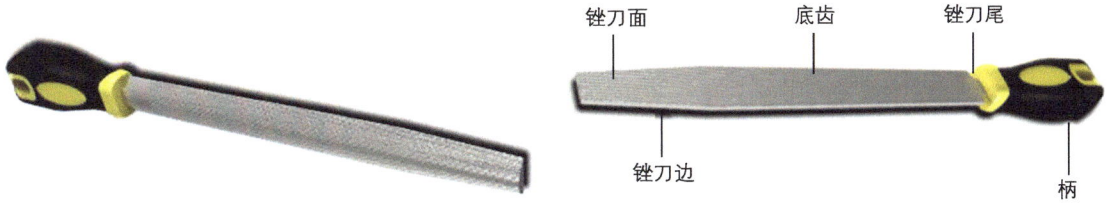

图 15-1 锉刀　　　　　　　　　图 15-2 锉刀的结构

锉刀按 10mm 长度范围内齿纹条数多少，可分为粗锉、中锉、细锉和油光锉等，如图

15－3所示。齿纹条数越多，则齿纹越细。常用锉刀可分为普通锉刀和整形锉刀（什锦锉）两类（图15－4）。普通锉刀根据截面形状不同，又分为平锉、方锉、半圆锉、三角锉和圆锉，如图15－5所示。

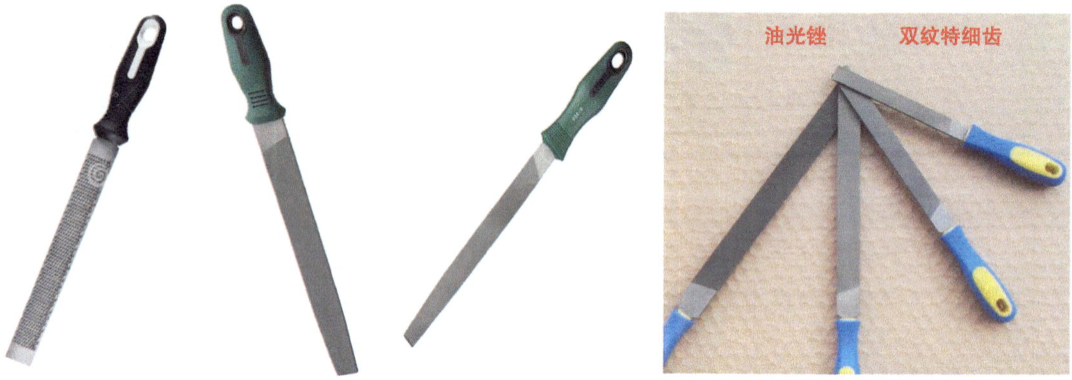

粗锉　中锉　细锉　油光锉

图15－3　锉刀类型

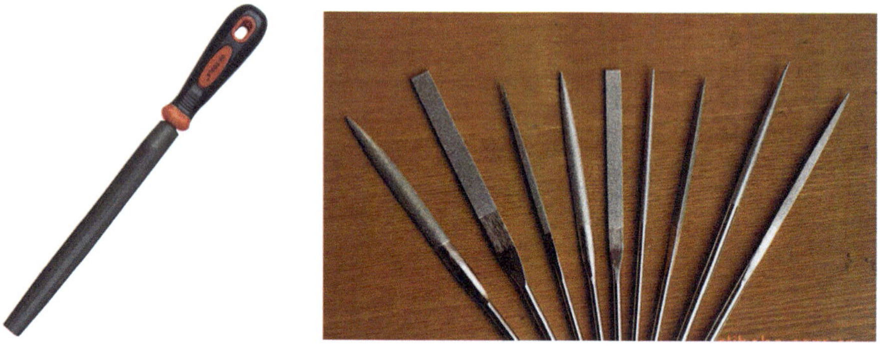

整形锉　什锦锉

图15－4　整形锉刀

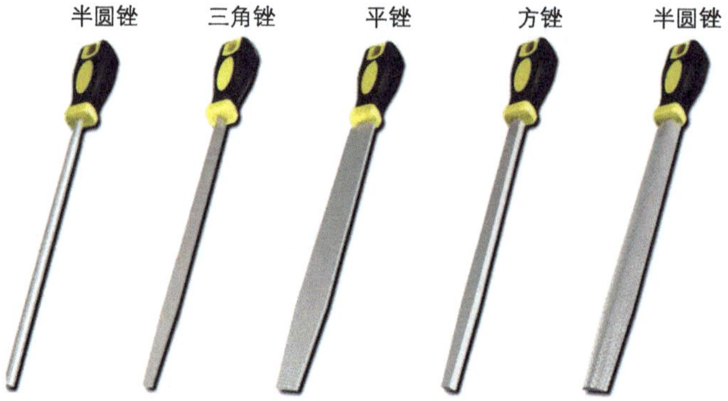

图15－5　普通锉刀

锉刀的选用及使用技能训练 **任务 15**

二、锉刀的锉削操作

1. 锉刀的握法

（1）使用大锉重挫时的握法：右手握柄，柄端抵在拇指根部的手掌上，大拇指放在手柄上部，其余手指由上而下地握着锉刀柄，左手拇指根部肌肉压在锉上，拇指自然伸直，其余4指弯向掌心，用中指、无名指捏住锉刀前端，锉削时右手小臂要与锉身水平，右手肘部要提起，如图15-6所示。

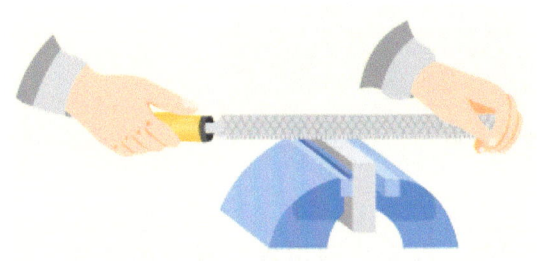 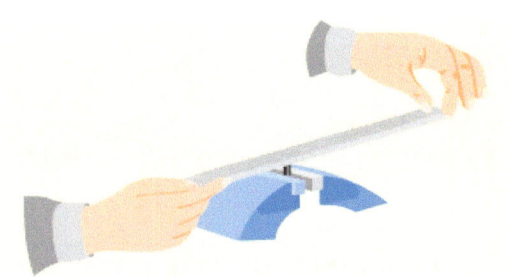

图 15-6　大锉重挫握法　　　　　　　图 15-7　中型锉握法

（2）使用中型锉时的握锉方法：右手与握大锉一样，左手的拇指与食指轻轻捏住锉身前端，如图15-7所示。

（3）使用小型锉时的握锉方法：右手拇指放在刀柄的上方，食指放在刀柄的侧面，其余手指则从下面稳住锉柄；用左手的食指、中指、无名指压在锉身中部，以防锉身弯曲，如图15-8所示。

图 15-8　小型锉握法　　　　　　　　图 15-9　整形锉握法

（4）使用整形锉时，只用右手握住，拇指放在锉柄的侧面，食指放在上面，其余手指由上而下握住锉刀柄，如图15-9所示。

2. 锉削姿势

锉削时的站立姿势如图15-10所示，两手握住锉刀，放在工件上面。左臂弯曲，小臂与工件锉削前面的左右方向保持基本平行；右小臂自然地与工件锉削的前后方向保持基本平行。右脚尖到左脚跟的距离约等于锉刀长，左脚与锉销工件中线约成30°角，右脚与锉削工件中线约成75°角。

图 15-10　锉削姿势

3. 锉削动作

（1）开始锉削时，身体前倾约 10°，右脚后伸，以充分利用锉身有效的长度，如图 15-11a 所示。

（2）当锉刀推到 1/3 行程时，身体前倾约 15°，使左腿稍弯曲，如图 15-11b 所示。

（3）右肘再向前推至 2/3 行程时，身体逐渐前倾到 18°左右，如图 15-11c 所示。

（4）锉削最后 1/3 行程时，用手腕推锉至尽头，身体随着锉刀的反作用力自然退回到前倾 15°左右的位置，如图 15-11d 所示。

（5）锉削终了时，两手按住锉，取消压力，抽回锉，身体恢复到原来位置。

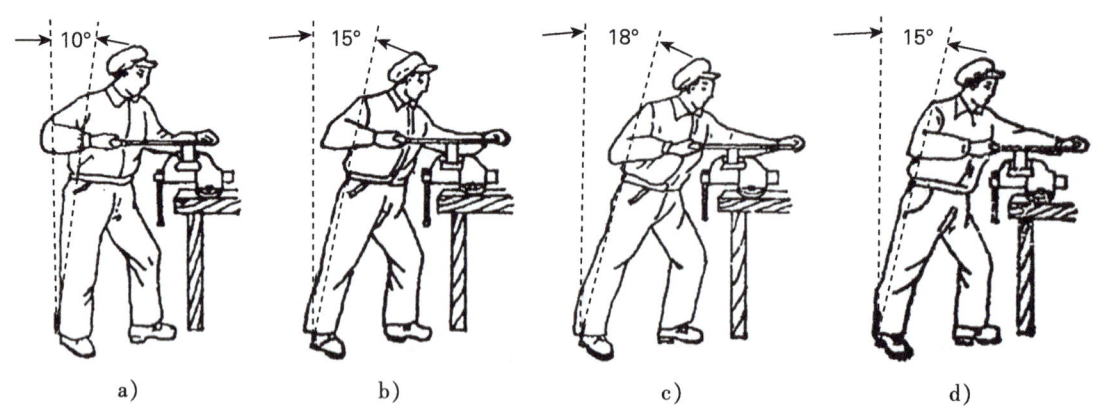

图 15-11　锉削动作

选择锉刀的粗细应根据被锉削材料的性质、加工余量的大小、加工精度的高低和表面粗糙度等情况进行综合考虑。粗锉用于粗加工或锉有色金属；中锉用于粗加工后的加工；细锉用于锉削加工余量小、要求表面粗糙度低的工件；油光锉只用于对工件最后表面修光。另外，还要根据所要加工零件的形状选用不同截面的锉刀，如图 15-12 所示。

锉刀的选用及使用技能训练 | 任务 15

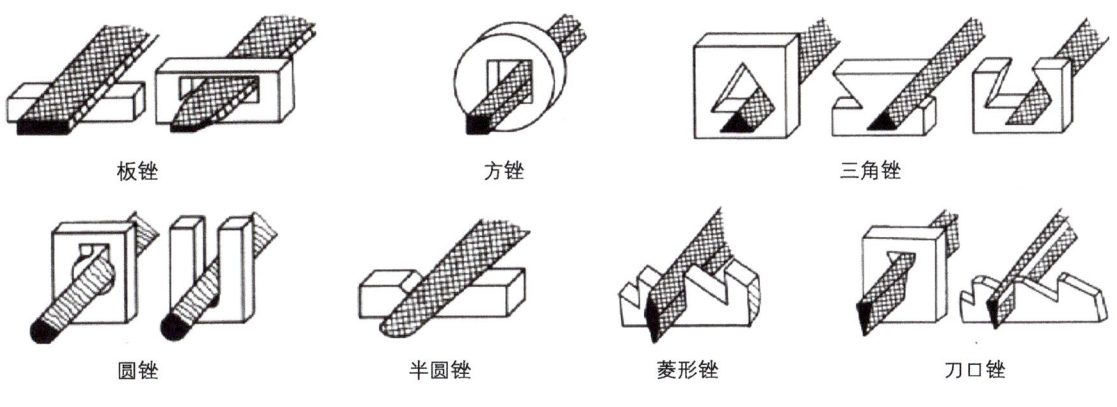

图 15-12 锉刀的选用

任务实施

锉刀锉削操作

1. 准备实训器材（图 15-13）

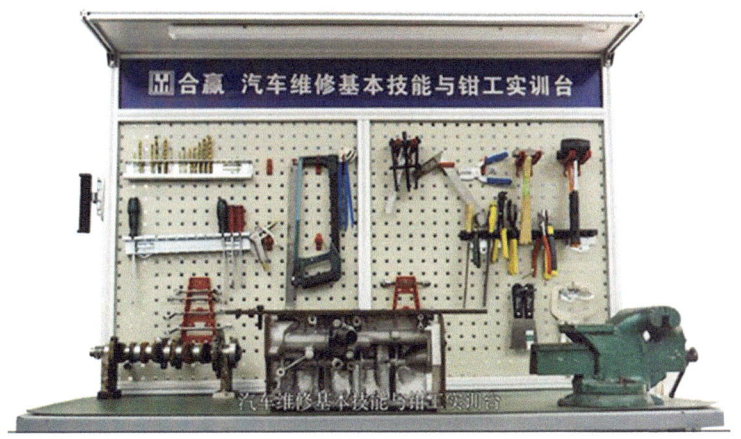

工作台

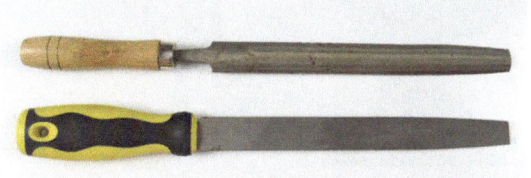
锉

铁块

图 15-13 实训器材

107

2. 任务实施

（1）固定铁块：将要加工的铁块夹紧在工作台的台虎钳上，使得需要加工的面在水平位置上，如图15-14所示。

（2）锉销工件：右手握住锉刀的手柄，左手的拇指与食指轻轻拉住锉刀的前端，操作锉进行初锉，在锉销过程中要注意两手用力要平衡，回程时不要施加压力，以减少锉齿的损伤。使用锉刀反复来回进行打磨工件，直至工件符合要求，如图15-15所示。

3. 现场整理

（1）实习后场地清洁干净，工具放进包装盒。

（2）工具与工作台必须清洁。

（3）将操作的铁粉进行分类处理，保护环境。

图15-14　固定铁块

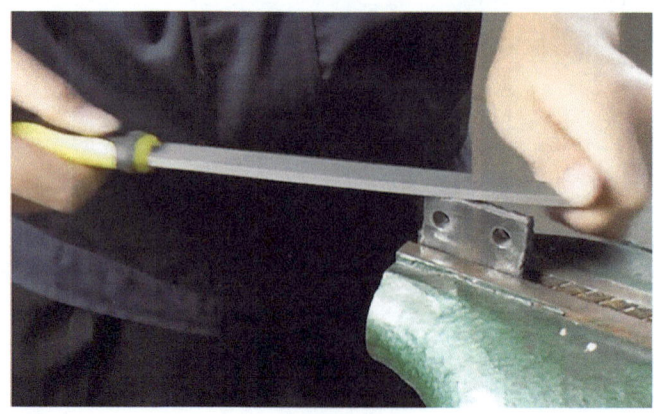

图15-15　锉刀锉销工件

锉刀的选用及使用技能训练 任务15

学习拓展

使用锉刀锉销凸轮轴带轮

如图 15-16 所示，结合课程资料完成拓展任务。

图 15-16 锉削凸轮轴带轮

评价与反馈

序号	评价项目	分值	自评（30%）	互评（30%）	教师评（40%）
1	能够描述锉刀的类型和用途	10			
2	能够描述锉刀的使用注意事项	10			
3	能够掌握锉刀的握法和锉削时的站姿	10			
4	能够利用锉刀对汽车相关零件进行正确加工修复	10			
5	能够对锉刀类工具进行维护保养	10			
6	具有良好的安全实训意识	10			
7	具备良好的团队合作精神	10			
8	正确使用汽车维修工量具使用和钳工技能训练实训台	10			
9	确保汽车维修工量具使用和钳工技能训练实训台使用后完整无损	10			
10	学习过程中认真遵守6S规范	10			

汽车维修工量具使用及钳工基础技能训练

技能考核标准

技能考核项目		操作内容	规定分值	评分标准	得分
课前准备	劳动保护	个人工作服着装清洁整齐	5	个人工作服着装清洁整齐得5分，否则酌情扣分	
	集队	课前分组集队整齐迅速	5	课前分组集队整齐迅速得5分，否则酌情扣分	
任务实施及操作	场地准备	检查场地布置及设备运行用电需要	5	检查场地布置及设备运行用电需要得5分，否则酌情扣分	
	设备准备	所需工具及耗材齐全	10	测量所需量具及耗材齐全得10分，否则酌情扣分	
	待测工件准备	待用工件准备到位	10	待测工件准备到位得10分，否则酌情扣分	
	测量前准备	1. 对加工工件进行清洁 2. 对工具进行清洁检验	10	1. 对待测工件进行清洁得5分，否则酌情扣分 2. 对检工具进行清洁检验得5分，否则酌情扣分	
	使用锤子拆卸轴承	工具使用是否正确	10	错误一次扣2分	
		2. 能否正常拆装轴承	20	错误一次扣2分	
	结束	1. 整理量具及检测工件 2. 整理检测现场环境	10	1. 整理量具及检测工件得5分，否则酌情扣分 2. 整理检测现场环境得5分，否则酌情扣分	
6S管理	现场管理	整个操作过程现场布局合理，按6S要求完成操作	20	整个操作过程现场布局合理，操作过程符合6S规范得20分，否则酌情扣分	
总分					

任务16
錾、冲类工具的选用及使用技能训练

学习目标

● 知识目标
1. 了解錾子和样冲在汽车维修中的作用。
2. 了解錾子和样冲的类型和用途。

● 技能目标
1. 掌握錾子和样冲使用的正确方法。
2. 熟悉錾子和样冲使用的安全操作和注意事项。

建议课时：**8课时**

任务描述

汽车维修和装配作业中会遇到手工拆卸和紧固不易拆装的旧螺栓、铆钉和销子等情况，汽车维修人员需要借助使用錾子和样冲敲击工件，使工件产生位移、振动，从而达到松动、拆卸和紧固等目的，保证维修技术质量。本课题主要任务是錾、样冲类工具的使用。

知识准备

一、錾子的认识

錾子是錾削用到的主要工具，它配合手锤一起使用，一般由工具钢锻制，刃部经刃磨和热处理而成，如图16-1所示，錾子由头部、柄部及切削部分组成。头部一般制成锥形，以便锤击力能通过錾子轴心。柄部一般制成六边形，以便操作者定向握持，如图16-2所示。

图16-1 錾子

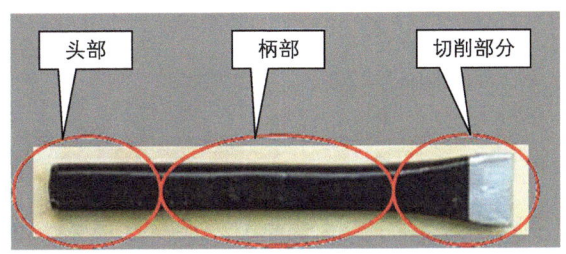

图16-2 錾子的结构

凿子主要是应用于除去毛坯的飞边、毛刺、浇冒口、切割板料、条料，开槽以及对金属表面进行粗加工等，特别是在汽车上应用于手工拆卸和紧固不易拆装的旧螺栓、铆钉和销子等，如图16-3所示。

常见的凿子主要有扁凿、尖凿、油槽凿等三种类型，如图16-4所示。

图16-3 拆卸损坏螺母

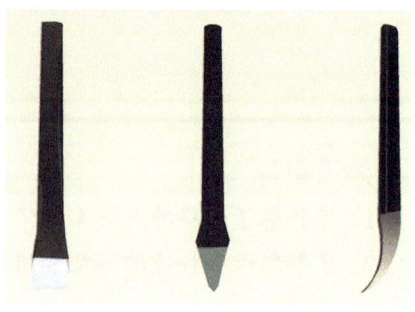

图16-4 凿子的类型

其中，扁凿，又称阔凿，主要用于凿削较大的平面，修修毛刺，分割材料等，如图16-5所示。

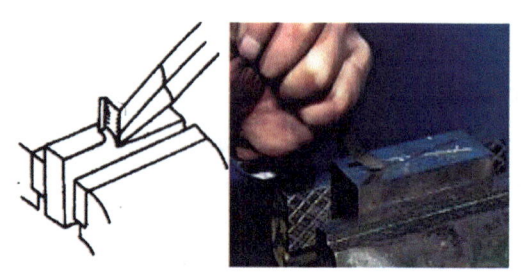

凿削平面

凿削薄板

图16-5 扁凿的作用

尖凿，又称狭凿，主要用于凿削较小的平面、凿出沟槽及分割曲边形板材，如图16-6所示。

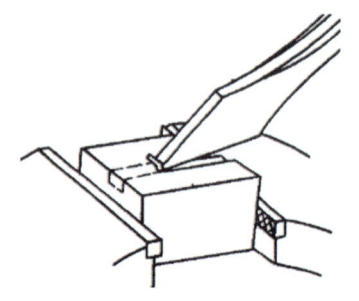

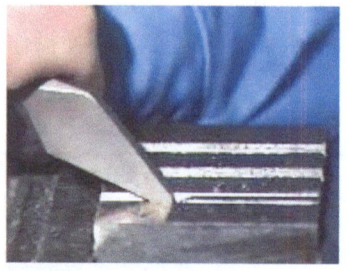

凿出沟槽

分割曲边形板材

图16-6 尖凿的作用

油槽錾，主要用于錾平面或者曲面上的油槽，如图16-7所示。

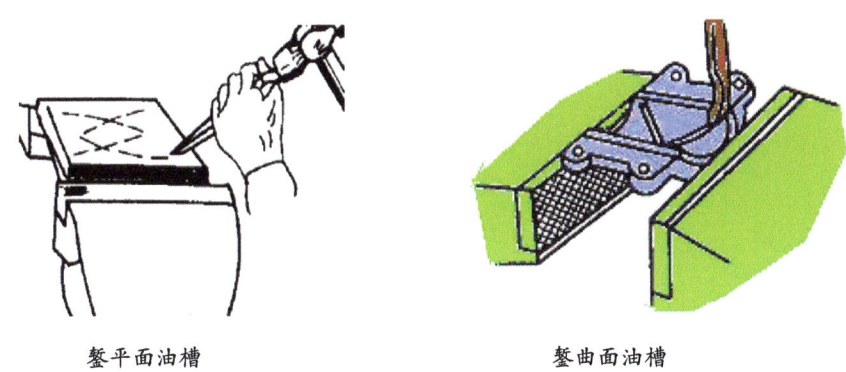

錾平面油槽　　　　　　　　錾曲面油槽

图16-7　油槽錾的作用

二、錾子的錾削操作

錾削是利用锤子锤击錾子，实现对工件切削加工的一种方法。

1. 錾子的握法

錾子用左手的中指、无名指和小指握持，大拇指与食指自然合拢，让錾子的头部伸出约20mm。錾削时，小臂要自然平放，并使錾子保持与工件正确的后角，如图16-8所示。

后角是指后刀面与切削平面之间的夹角，通常用α表示。后角的作用是减少后刀面与切削表面之间的摩擦，后角的大小要适宜，否则不利錾子的錾削工作。后角过大，錾子会切入过深；后角太小，錾子容易滑出工件表面。后角一般为5°~8°，如图16-9所示。

图16-8　錾子握姿

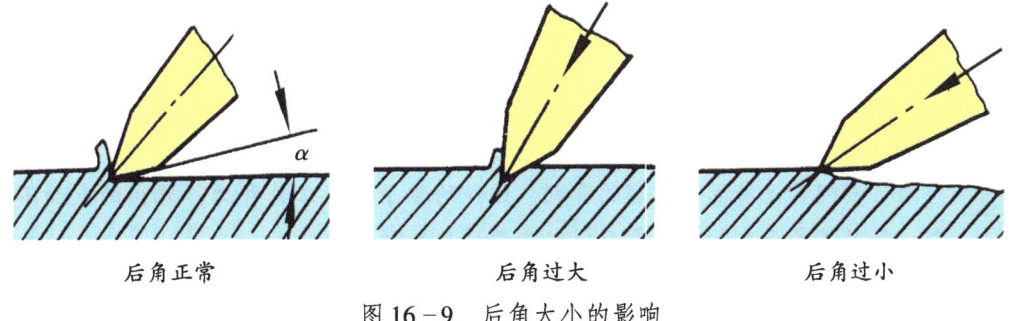

后角正常　　　　　　后角过大　　　　　　后角过小

图16-9　后角大小的影响

根据錾削的不同情况，对于錾子的握法也有所不同，主要有以下三种握法：立握法适用于垂直錾削工作；正握法用于在平面上錾削；反握法用于侧面或者小的平面上錾削，如图16-10所示。

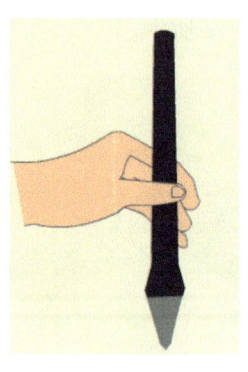 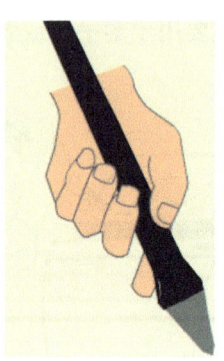

立握法　　　　正握法　　　　反握法
图 16-10　錾子的握法

2. 錾削姿势

錾削时，左脚跨前半步，左脚与台虎钳成 30°角，右脚稍微朝后，右脚与台虎钳成 75°角，身体自然站立，重心偏于右脚，如图 16-11 所示。右脚要站稳，右腿伸直，左腿膝盖关节应稍微自然弯曲，眼睛注视錾削处。左手握錾，使其在工件上保持正确的角度，右手挥锤，使锤头沿弧线运动，进行敲击，如图 16-12 所示。

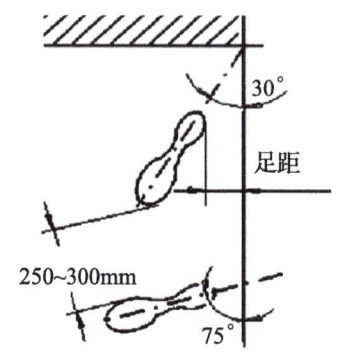 

图 16-11　脚步部位　　　　图 16-12　操作姿势

3. 錾子的刃磨和热处理

錾子在长时间的使用，錾子切削部分的刀刃会钝，需要进行刃磨和热处理。

 注意：要经常保持錾子刃部的锋利。过钝的錾子不但工作费力，錾出的表面不平整，而且常易产生打滑现象而引起手部划伤的事故。

錾子切削刃的刃磨方法：右手握紧錾子的柄部，左手手指捏住錾子，如图 16-13 所示。将錾子刃面置于略高于砂轮的中心，刃面贴住旋转着的砂轮轮缘上，且在砂轮的全宽方向作左右移动。操作过程中要两面刃面交替磨，保证磨出来的刃面对称、刃口要平直。刃磨时，加在錾子上的压力不应太大，以免刃部因过热而退火，必要时，可将錾子浸入冷水中冷却。

錾子进行热处理是为了保证錾子切削部分的硬度和韧性。进行热处理时,为了有效地观察切削部分在加热时的颜色变化,需要对錾子进行粗磨。热处理的方法:用专用钳子夹住錾子,对约 20mm 长的切削部分进行加热,当切削部分的颜色呈暗樱红色(750～780℃)后,迅速将其浸入冷水中冷却,浸入深度 5～6mm。手持錾子在水面慢慢移动,可以加速其冷却,如图 16-14 所示。

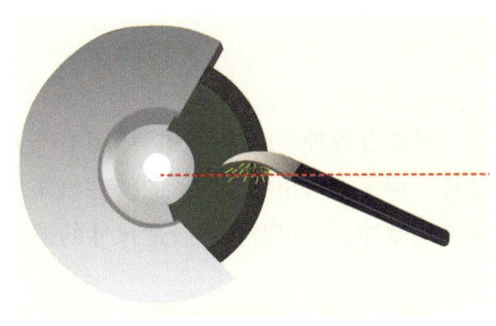

图 16-13　錾子刃磨

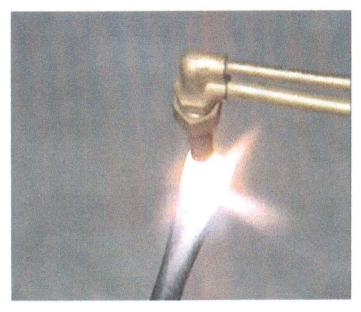
加热

观察颜色变化

冷水中冷却

图 16-14　錾子热处理

三、样冲的认识

样冲俗称冲头,主要用来冲出铆钉和销子,也可用来标示钻孔的位置及标注记号等。常见的种类有中心冲、销冲、数字号码冲、空心冲等。它们的结构不同,作用也大不一样。

1. 中心冲

中心冲主要用于标示要钻孔的位置及导向,一端用软材料做成,另一端比中心冲更尖锐,用硬度大的高碳钢制成,如图 16-15 所示。也可用于拆卸零件前对其进行标注记号,防止安装时装配错误,例如,制作曲轴轴承盖标记。

图 16-15　中心冲

2. 销冲

销冲有各种不同的直径，如图 16-16 所示。销冲用于冲出销钉或铆钉，销冲的头部为圆柱体，柄部为六角形或圆形的。在汽车维修工作中，常用头部直径范围为 3~12mm 的销冲。在使用销冲，一定要选择合适尺寸的销冲。

图 16-16　销冲

图 16-17　数字号码冲

3. 数字号码冲

数字号码冲是用于在某个物体上冲出数字，通常作为标记使用。汽车发动机缸体上的数字、字母通常采用数字号码冲冲出。它的使用和其他所有冲子的使用方法一样，冲头平面应和待冲表面平行放置，不能有夹角，而且锤子应垂直平击冲头，如图 16-17 所示。

4. 空心冲

空心冲最适于在薄钢板、塑料板、皮革以及垫圈上冲孔，但它只能冲软材料，冲头应保持锋利，用钝的冲头可能会把材料冲坏。在汽车维修工作中经常用空心冲制作密封垫，如图 16-18 所示。

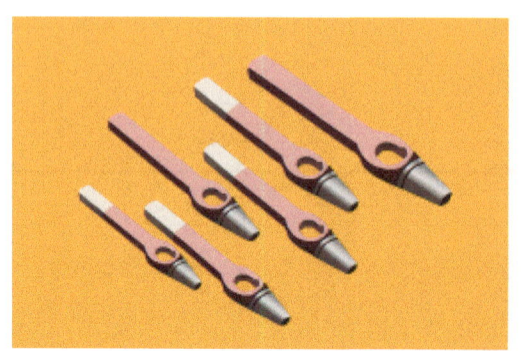

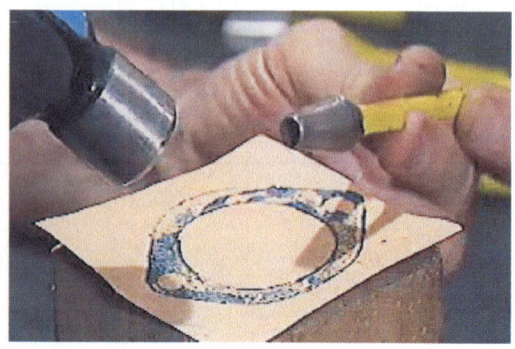

图 16-18　空心冲制作密封垫

任务 16 錾、冲类工具的选用及使用技能训练

任务实施

錾、冲类工具的选用及使用技能训练

任务一 使用錾子錾削平面

1. 准备实训器材（图 16-19）

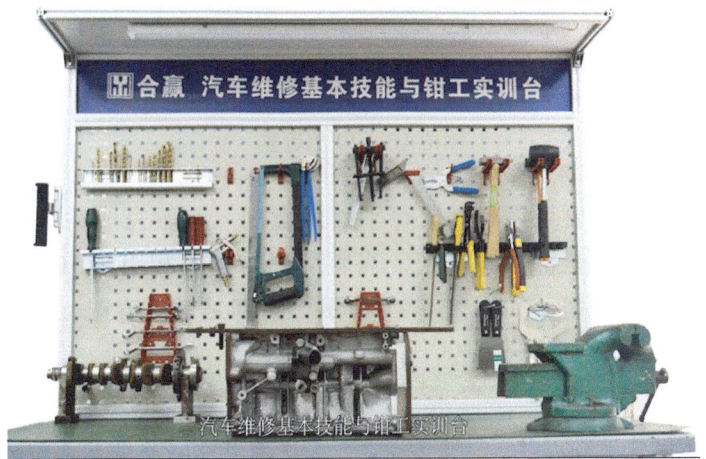

工作台

錾子

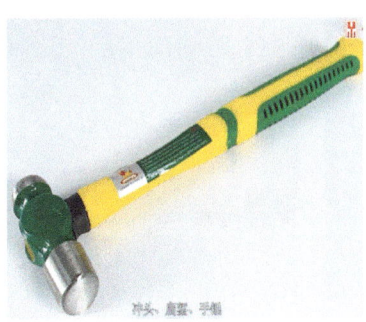

铁锤

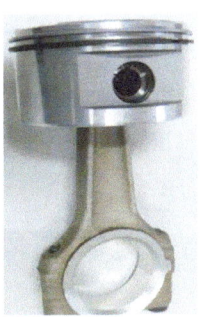

钢块

图 16-19 实训器材

2. 錾削平面的操作

（1）起錾：开始錾削要从工件侧面的尖角处轻轻起錾，或者可以从正面起錾，如图 16-18 所示。

 注意：錾削工作台应装有安全网，以防止錾削下的飞屑伤人。

斜角起錾

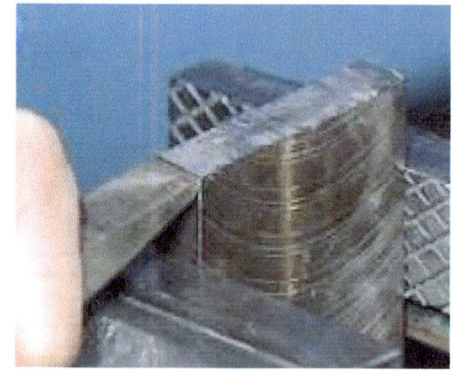
正面起錾

图 16-20　起錾

(2) 錾削窄平面：主要采用扁錾进行平面的錾削。起錾完成后，把錾子逐渐移向工件中间，使得切削刃能够全部参与錾削。当錾削到与尽头相距约 10mm 时，就应该掉头錾削，防止尽头的材料崩裂，如图 16-21 所示，特别是对于铸铁、青铜等脆性材料更要注意。

 注意：錾削将近终止时，锤击力要轻，以免把工件边缘錾缺而造成废品。

錾削快到尽头

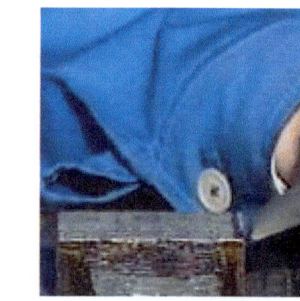
掉头錾削

图 16-21　錾削窄平面

若是錾削较宽平面时，要先采用尖錾在加工工件上錾出若干条平行槽，再采用扁錾将剩余部分錾去，防止工件卡阻錾子切削部分的錾削工作。

3. 现场整理

（1）实习后场地清洁干净，工具放进包装盒。
（2）工具与工作台必须清洁。
（3）将操作的铁屑进行分类处理，保护环境。

任务二　使用冲子对活塞做缸序标记

1. 准备实训器材（图16-22）

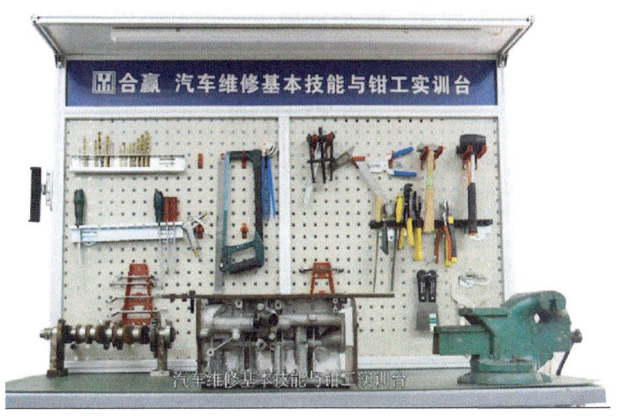

工作台

錾子

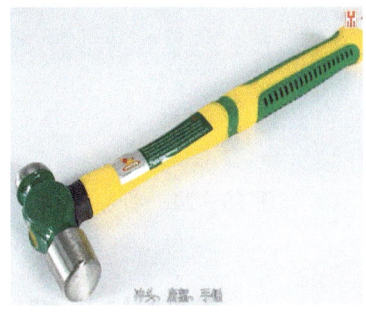

铁锤

钢块

图16-22　实训器材

2. 对活塞做缸序标记的操作

（1）固定活塞：将活塞夹紧在台钳上，注意在活塞与台钳之间垫上布，防止夹伤活塞。

（2）对活塞做缸序标记：使用立握法，一手握住样冲，另一只手握锤，如图16-23所示。冲头平面应和活塞顶面垂直放置，不能有夹角，而且锤子应垂直平击冲头。

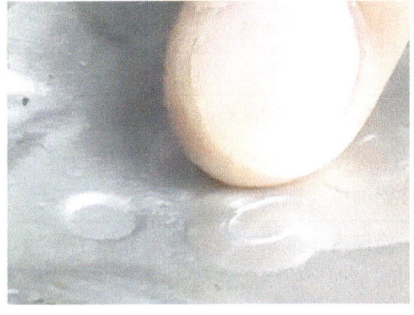

图16-23　对活塞做缸序标记

3. 现场整理

（1）实习后场地清洁干净，工具放进包装盒。

（2）工具与工作台必须清洁。

（3）将操作的铁屑进行分类处理，保护环境。

学习拓展

使用錾子拆除损坏的螺母

根据图 16-24 结合课程资料完成拓展任务。

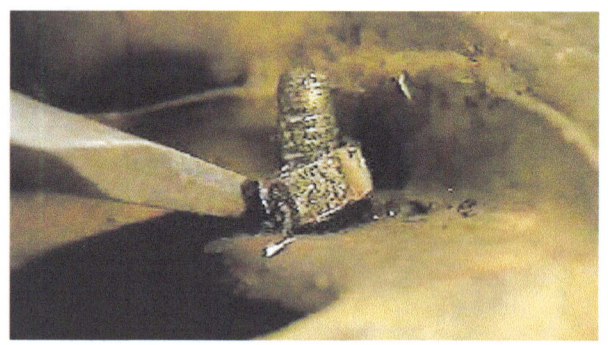

图 16-24　拆除损坏的螺母

评价与反馈

序号	评价项目	分值	自评（30%）	互评（30%）	教师评（40%）
1	能够描述錾刀的类型和用途	10			
2	能够描述錾刀的使用注意事项	10			
3	能够掌握錾刀的握法和錾削时的站姿	10			
4	能够利用錾刀、冲头对汽车相关零件进行正确加工以及做装配标记	10			
5	能够对錾、冲类工具进行维护保养	10			
6	具有良好的安全实训意识	10			
7	具备良好的团队合作精神	10			
8	正确使用汽车维修工量具使用和钳工技能训练实训台	10			
9	确保汽车维修工量具使用和钳工技能训练实训台使用后完整无损	10			
10	学习过程中认真遵守 6S 规范	10			

任务16 錾、冲类工具的选用及使用技能训练

技能考核标准

技能考核项目		操作内容	规定分值	评分标准	得分
课前准备	劳动保护	个人工作服着装清洁整齐。	5	个人工作服着装清洁整齐得5分，否则酌情扣分	
	集队	课前分组集队整齐迅速	5	课前分组集队整齐迅速得5分，否则酌情扣分	
任务实施及操作	场地准备	检查场地布置及设备运行用电需要	5	检查场地布置及设备运行用电需要得5分，否则酌情扣分	
	设备准备	所需工具及耗材齐全	5	测量所需量具及耗材齐全得5分，否则酌情扣分	
	待测工件准备	待用工件准备到位	10	待测工件准备到位得10分，否则酌情扣分	
	测量前准备	1. 对加工工件进行清洁 2. 对工具进行清洁检验	10	1. 对待测工件进行清洁得5分，否则酌情扣分 2. 对检测量具进行清洁检验得5分，否则酌情扣分	
	使用錾子拆卸旧螺栓	工具使用是否正确	10	错误一次扣2分	
		能否正常拆卸旧螺栓	10	错误一次扣2分	
	结束	1. 整理量具及检测工件 2. 整理检测现场环境	20	1. 整理量具及检测工件得10分，否则酌情扣分 2. 整理检测现场环境得10分，否则酌情扣分	
6S管理	现场管理	整个操作过程现场布局合理，按6S要求完成操作	20	整个操作过程现场布局合理，操作过程符合6S规范得20分，否则酌情扣分	
总分					

任务 17
手锯的选用及使用技能训练

学习目标

● 知识目标
1. 了解手锯的结构、种类、规格，能正确使用手锯。
2. 掌握手锯的使用方法。

● 技能目标
1. 掌握手锯使用的注意事项。
2. 会用手锯对各种材料的锯割方法。

建议课时：
4 课时

任务描述

汽车上的各种零件随着汽车的运行会出现磨损情况，作为汽车维修技术人员，手锤、錾子、锉、锯的使用是汽车维修钳工的基础。本课题主要任务是手锯的使用。

知识准备

一、手锯的结构认识

手锯也称为机械锯，属于切割类工具，主要用于工件上锯出沟槽、锯断各种形体原材料和半成品以及锯掉加工工件多余部分；或者在拆卸零件中需要使用手锯切割无法拆卸的零件。手锯主要由锯弓、锯条、手柄和调整螺母组成，如图 17-1 所示。

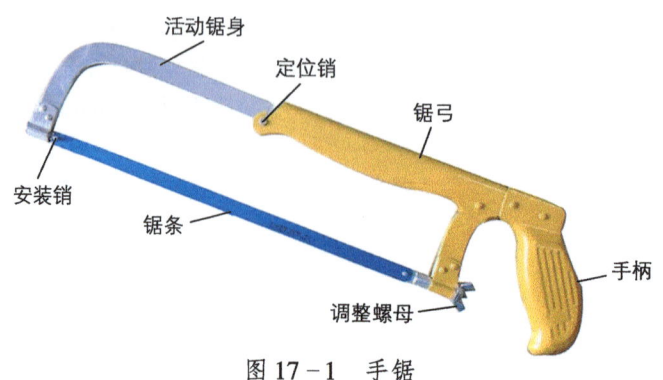

图 17-1 手锯

手锯根据用来张紧锯条的锯弓分为可调式手锯和固定式手锯,如图 17-2 所示。固定式锯弓只能安装一种长度的锯条,可调式通过调整锯弓可以安装几种长度的锯条,并且,可调式锯弓的锯柄形状便于用力,因此被广泛使用。

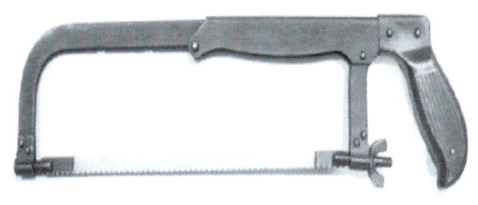 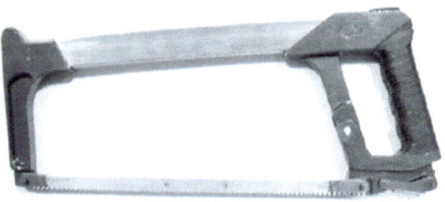

可调式手锯　　　　　　　　　　　　固定式手锯

图 17-2　手锯类型

手锯长度由两端安装中心孔距离来表示,如图 17-3 所示。常用钢锯条的长度为 30mm。

图 17-3　常用钢锯条

钢锯的锯齿分粗齿(齿距 1.8mm)、中齿(齿距 1.4mm)、细齿(齿距 1.1mm),如图 17-4 所示。锯齿的选择应根据所锯割的材料的厚薄和材料的硬度来决定。粗齿锯条用于锯割软材料(如铜、铝、铸铁)和厚实的材料。细齿锯条用于锯割硬件料和薄的材料(各种管子、薄板材料、角铁等)。当选择粗、细锯齿时,还应该考虑锯割截面上应该有三个锯齿同时参与锯割。

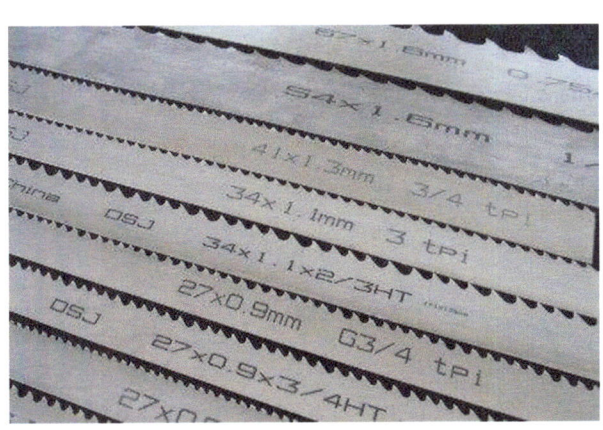

图 17-4　不同齿距的锯条

二、锯条的安装及操作

1. 锯条安装

如图 17-5 所示,锯条安装时,锯齿的齿尖要朝前,这样安装会使操作用力方便且工作平稳，因为在实际锯割操作中是推锯时起锯割作用。安装锯条时不宜装得过紧或过松：过紧则受力大，若手用力不当易折断；过松则锯条易扭曲折断，且锯缝易偏斜。安装锯条后，要保证锯条平面与锯弓中心平面平行，不得倾斜和扭曲，否则锯割时极易歪斜。

图 17-5　锯条的安装方向

2. 手锯使用基础操作

（1）手锯握法：手锯的握法右手满握手柄，左手轻扶锯弓前端，如图 17-6 所示，左手配合右手工作，使手锯摆正，因此，左手切忌用力太大。

（2）站立姿势：两脚的站立姿势如图 17-7 所示，左脚跨前半步，膝部要自然并稍微弯曲，右脚稍微向后并伸直，且两脚都不要过分用力，身体自然向前倾，双手握好手锯放置于工件上，左臂略微弯曲，右臂与锯割的方向保

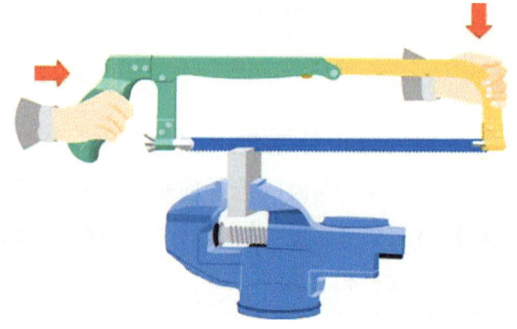

图 17-6　手锯握法

持平行，视线直视锯割的方向。在锯割时候也要注意锯割姿势，如图 17-8 所示。良好的锯割姿势才能保证工件加工的质量。

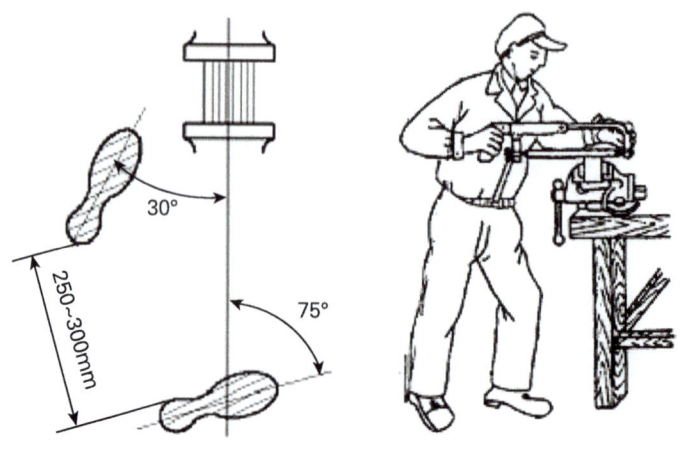

图 17-7　站立姿势

图 17-8　锯割姿势

(3) 锯割速度：锯割的速度一般为 20～40 次/min 往复运动，锯割行程应保持匀速，返回行程速度应该快些。而且根据不同的材料，锯割的速度应该不同。在锯割时候，要充分利用锯条的长度，每次往返的距离要大于锯条 2/3 的长度。

(4) 手锯起锯：锯割时的起锯很重要，一般用左手拇指指甲靠稳锯条，以防止锯条滑动。同时起锯角度小于 15°，若起锯角度过大，锯齿易崩碎，但起锯角也不宜太小，否则不宜切入材料，如图 17-9 所示。不同材料的工件起锯时的方法有所不同，一般管状材料的工件可选用远起锯，而厚型、薄型可选用近起锯，如图 17-10 所示。

左手拇指靠住锯条

图 17-9　起锯技巧

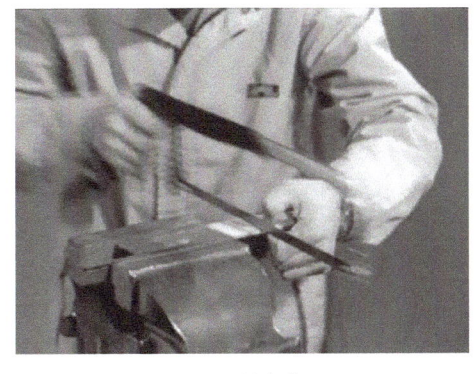

远起锯　　　　　　　　近起锯

图 17-10　起锯手法

汽车维修工量具使用及钳工基础技能训练

任务实施

手锯锯割扁钢块的操作

手锯的选用及使用技能训练

1. 准备实训器材（图17-11）

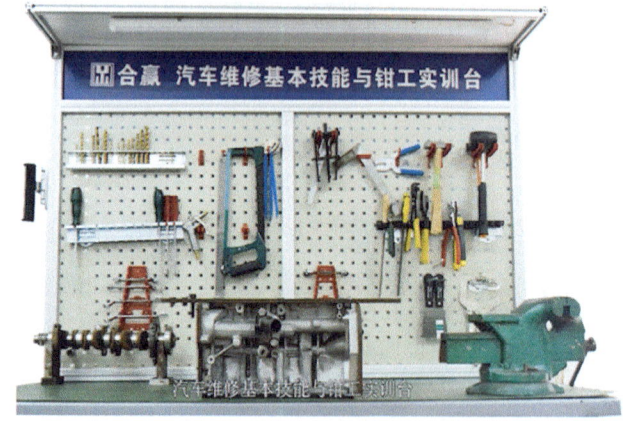

台虎钳工作台

手锯、锯条

手锯

薄铝管

图17-11 实训器材

2. 任务实施

（1）工件夹持：将做好锯割线标记的薄铝管加紧在台虎钳上，如图17-12所示，锯缝要尽量靠近钳口且与钳口侧面保持平行，方便操作人员操作，同时要避免锯割线离台虎钳口过远，造成在锯割时工件振动。注意工件夹持要紧固，但也要防止夹紧力过大而造成工件变形。

（2）起锯：用左手拇指指甲靠稳锯条，轻轻地往返拉动手锯，使手锯在工件上锯割出痕迹，如图17-13所示。

图17-12 工件夹持

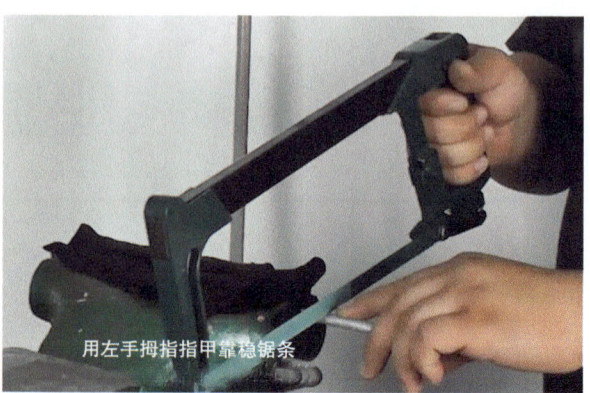

图17-13 起锯

(3) 锯割工件：使用正确的站立姿势和锯割姿势操作，按照 20~40 次/min 往复运动匀速锯割零件，如图 17-14 所示，锯弓作直线往复运动，推锯时右手推进，左手施压；返回时不加压力，从工件上轻轻滑过。当工件快要锯断时，握锯施压要轻，速度要慢，并用手扶住即将落下的部分，直至锯掉，如图 17-15 所示。

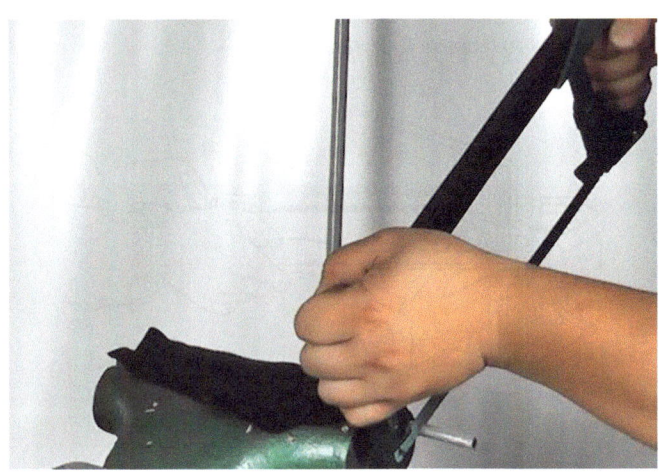

图 17-14　正常锯割

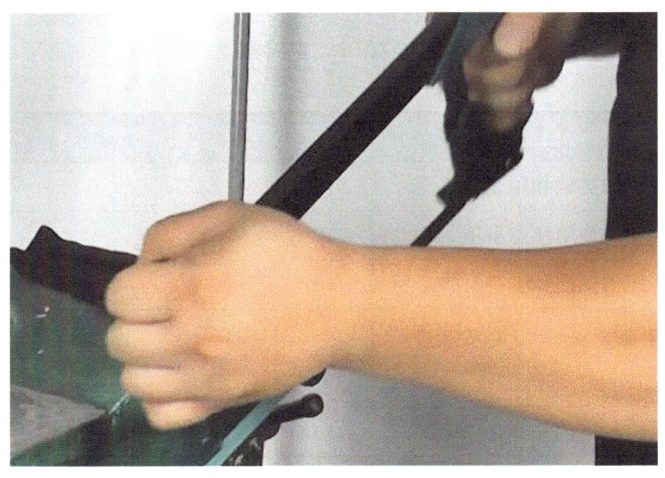

图 17-15　工件快要锯断

3. 现场整理

（1）实习后场地清洁干净，工具放进包装盒。

（2）工具与工作台必须清洁。

（3）将操作的铁粉进行分类处理，保护环境。

学习拓展

拓展任务：使用手锯锯割

请根据图17-16，结合课程资料完成拓展任务。

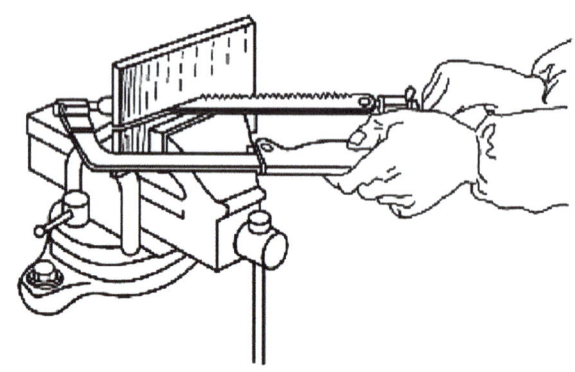

图17-16 锯割薄板工件

评价与反馈

序号	评价项目	分值	自评（30%）	互评（30%）	教师评（40%）
1	能够描述手锯的类型和用途	10			
2	能够描述手锯的使用注意事项	10			
3	能够掌握手锯的握法和锯割时的站姿	10			
4	能够利用手锯对汽车相关零件进行加工	10			
5	能够对手锯进行维护保养	10			
6	具有良好的安全实训意识	10			
7	具备良好的团队合作精神	10			
8	正确使用汽车维修工量具使用和钳工技能训练实训台	10			
9	确保汽车维修工量具使用和钳工技能训练实训台使用后完整无损	10			
10	学习过程中认真遵守6S规范	10			

技能考核标准

技能考核项目		操作内容	规定分值	评分标准	得分
课前准备	劳动保护	个人工作服着装清洁整齐	5	个人工作服着装清洁整齐得5分，否则酌情扣分	
	集队	课前分组集队整齐迅速	5	课前分组集队整齐迅速得5分，否则酌情扣分	
任务实施及操作	场地准备	检查场地布置及设备运行用电需要	5	检查场地布置及设备运行用电需要得5分，否则酌情扣分	
	设备准备	手锯及耗材齐全	5	手锯所需量具及耗材齐全得5分，否则酌情扣分	
	待锯割工件准备	待锯割工件准备到位	5	待锯割工件准备到位得5分，否则酌情扣分	
	锯割前准备	1. 对待锯割工件进行清洁 2. 对岗位进行清洁检验	5	1. 对待锯割工件进行清洁得5分，否则酌情扣分 2. 对岗位进行清洁检验得5分，否则酌情扣分	
	锯割钢板	使用手锯锯割钢板	10	能按照要求完成得10分，否则酌情扣分	
	锯割水管	使用手锯锯割水管	10	能按照要求完成得10分，否则酌情扣分	
	锯割水管	使用手锯锯割水管	10	能按照要求完成得10分，否则酌情扣分	
	锯割角铁	使用手锯锯割角铁	10	能按照要求完成得10分，否则酌情扣分	
	操作结束	1. 整理工具和工作台 2. 整理操作现场环境	10	1. 整理工具和工作台得5分，否则酌情扣分 2. 整理操作现场环境得5分，否则酌情扣分	
	锯割要求评定	能按照要求锯割各种材料	10	能按照要求锯割各种材料得10分，否则酌情扣分	
6S管理	现场管理	整个操作过程现场布局合理，按6S要求完成操作	10	整个操作过程现场布局合理，操作过程符合6S规范得10分，否则酌情扣分	
总分					

任务 18
丝锥及板牙的选用及使用技能训练

学习目标

● 知识目标
1. 了解丝锥及板牙的结构、种类、规格,能正确选用丝锥及板牙。
2. 掌握丝锥及板牙的使用方法。

● 技能目标
1. 掌握丝锥及板牙使用的注意事项。
2. 会用丝锥及板牙制作螺栓与螺孔方法。

建议课时:
4 课时

任务描述

随着汽车的运行,汽车上的零件如螺钉、螺钉孔等会出现不同程度的磨损情况。作为汽车维修技术人员,手锤、錾子、钳工锉、丝锥与板牙等使用是汽车维修钳工的基础。本课题主要任务是丝锥与板牙的使用。

知识准备

一、丝锥的结构认识

丝锥为一种加工内螺纹的刀具。攻螺纹是一道加工效率较低的工序。按照形状可以分为螺旋丝锥和直刃丝锥,按照使用环境可以分为手用丝锥和机用丝锥,按照规格可以分为公制、美制和英制丝锥,按照产地可以分为进口丝锥和国产丝锥。丝锥是目前制造业操作者加工螺纹的最主要工具,如图 18-1 所示。丝锥的结构主要由工作部分和柄部组成,工作部分有切削部分和校准部分组成,柄部有方榫,如图 18-2 所示。

图 18-1 丝锥

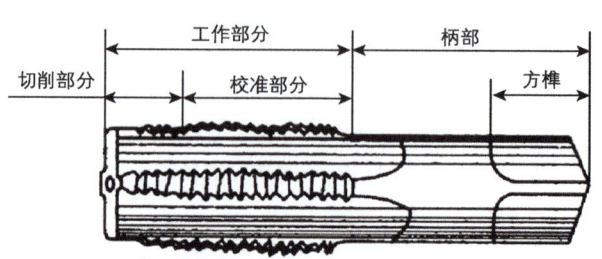

图 18-2 丝锥的结构

铰杠（图18-3）是用来夹住丝锥的工具，是手工攻螺纹时的辅助工具。常使用可调式的铰杠，方便安装各种不同尺寸的丝锥。当选择不同尺寸的丝锥时候，可以通过调节铰杠的手柄来控制方孔的大小，以便夹紧丝锥。

二、丝锥手动攻螺纹的方法

手动攻螺纹时，首先定位、打底孔，然后将底孔倒角。攻螺纹前，就要确认螺纹底孔的直径大小，而螺纹底孔的直径要根据不同材料来选择。因为不同的材料有不同的塑性和钻孔时的扩张量，为防止影响攻螺纹时切屑的排出及保证加工出来螺纹牙形的完整性，因此需要对钻头直径计算，见表18-1。

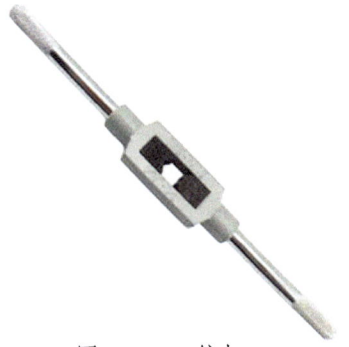

图18-3 铰杠

表18-1 钻头直径计算公式

被加工材料	扩张量	钻头直径计算公式
铸铁和其他塑性较小的材料	较小	$D_0 = D - P$
钢和其他塑性较大的材料	中等	$D_0 = D - (1.05 \sim 1.1) P$

注：D_0—攻螺纹前钻头直径；D—螺纹公称直径；P—螺距。

例如钢材上钻螺纹底孔的钻头直径，如表18-2所示。

表18-2 钢材上钻螺纹底孔的钻头直径 （单位：mm）

螺纹直径	2	3	4	5	6	8	10	12	14	16	20	24
螺距	0.4	0.5	0.7	0.8	1	1.25	1.5	1.75	2	2	2.5	3
钻头直径	1.6	2.5	3.3	4.2	5	6.7	8.5	10.2	11.9	13.9	17.4	20.9

被加工的工件要装夹正确，一般情况下，应将工件需要攻螺纹的一面置于水平或垂直的位置，这样在攻螺纹时，就能比较容易地判断和保持丝锥垂直于工件螺纹基面的方向。

在开始攻螺纹时，尽量把丝锥放正，然后用一手压住丝锥的轴线方向，用另一手轻轻转动铰杠。当丝锥旋转1~2圈后，从正面或侧面观察丝锥是否和工件的螺纹基面垂直（图18-4），必要时可用直角尺进行校正，一般在攻进3~4圈螺纹后，丝锥的方向就基本确定。

(1) 攻螺纹时，先插入头锥使丝锥中心线与钻孔中心线一致。

(2) 两手均匀地旋转并略加压力使丝锥进刀，进刀后不必再加压力。

(3) 每转动丝锥一次反转约45°以割断切屑，以免阻塞。

(4) 如果丝锥旋转困难时不可增加旋转力，否则丝锥会折断。

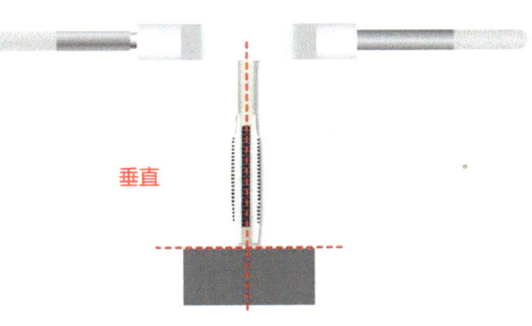

图18-4 丝锥应垂直于工件的螺纹基面

三、板牙的结构认识

板牙作为加工或修正外螺纹的螺纹加工工具,主要由切削部分、定径部分和排屑孔组成。板牙外形像个圆螺母,只是其内部有多个形成刀刃的排屑孔,方便排出切削下来的切屑,铰杠是用来夹住板牙的工具,是手工套丝时的辅助工具,如图 18-5 所示。利用原板牙在圆柱体的外表面上加工出外螺纹的操作称为套螺纹。

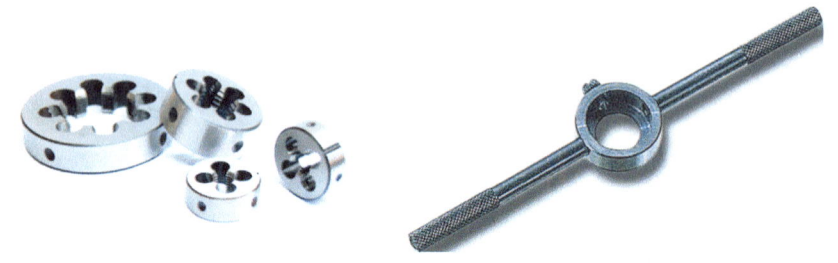

图 18-5　板牙及铰杠

丝锥与板牙按照工具零件作用分为各种不同型号,可以按照螺纹直径分和按照螺牙的牙距分,如图 18-6 所示。

图 18-6　丝锥及板牙套装

四、用板牙套螺纹的操作

用圆片板牙加工螺纹时,呈半切削半挤压状态。板牙的内径和中径为切削部分,板牙内径必须具有一定的强度和切削能力,因为其要承受较大的切削力。套螺纹前圆杆直径的确定与攻螺纹前底孔直径确认的方法相类似,只是计算的公式不同。由于圆杆外径太大会使板牙不能套入;圆杆外径太小会使板牙套出不完整的螺纹牙形,因此,圆杆直径应该比螺纹公称尺寸还小,其计算公式是 $D_0 \approx D - 0.31P$,其中,D_0 为圆杆直径,D 为螺纹外径,P 为螺距。

丝锥及板牙的选用及使用技能训练 **任务 18**

任务实施

（一）使用丝锥攻螺纹操作

丝锥及板牙的选用及
使用技能训练

1. 准备实训器材（图18-7）

工作台

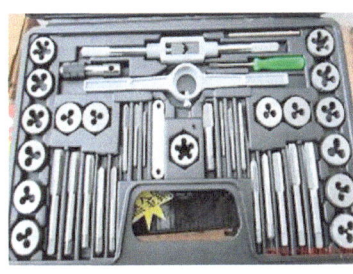

丝锥板牙套装工具

钻孔机

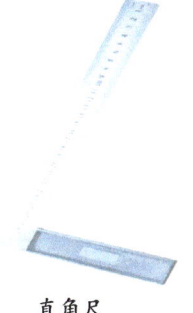

直角尺

钢块

图18-7 实训器材

2. 任务实施

（1）攻丝前底孔直径的确认：通过查找相关手册资料，确认底孔钻头直径 D_0，或者根据被加工材料的类型，用钻头直径计算公式计算出 D_0。

（2）组装丝锥工具：根据底孔直径选择好丝锥和铰杠，组装好，并锁死丝锥，如图18-8所示。

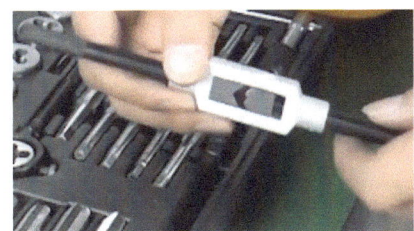 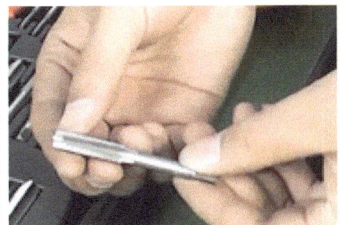 

图18-8 丝锥工具组装

(3) 底孔的加工：先在钢块上做好划线标记，确定好中心位置，根据选定好的钻头加工出底孔，并加工好倒角，如图 18-9 所示。工件上螺纹底孔的孔口要加工成倒角，若是加工通孔螺纹两端都要有倒角，使丝锥容易切入，预防孔口螺纹在攻丝过程中迸裂。

(4) 钢块位置的固定：将钢块夹紧在台虎钳上，使钢块置于水平的位置，用直角尺检查丝锥与钢块工件的螺纹基面垂直，如图 18-10 所示。工件装夹时，要注意螺纹孔中心线要置于水平或竖直位置，使操作人员容易判断丝锥的轴线与工件的平面是否垂直。

图 18-9　加工底孔

夹紧钢块

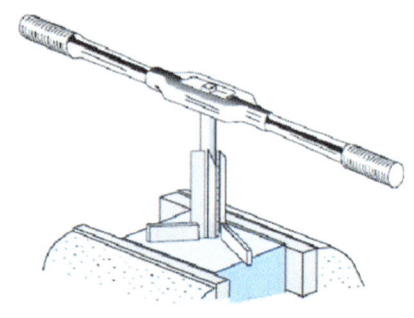

检查丝锥与钢块的垂直度

图 18-10　固定钢块

(5) 用丝锥加工螺纹：把丝锥放正，使丝锥保持垂直于工件螺纹基面的方向，然后用一手压住丝锥的轴线方向，用另一手轻轻转动铰杠，如图 18-11 所示。当丝锥旋转 1~2 圈后，从正面或侧面观察丝锥是否和工件的螺纹基面垂直，必要时可用直角尺进行校正。一般在攻进 3~4 圈螺纹后，丝锥的方向就基本确定，如图 18-12 所示。

然后轻压铰杠继续旋入，当丝锥的切削部分已经完全进入，此时，不要加压只需转动铰杠，转动铰杠时，操作者的两手用力要平衡。切忌用力过猛和左右晃动，否则容易将螺纹牙型撕裂和导致螺纹孔扩大及出现锥度。每扳转铰手 1/2~1 圈，就应倒转约 1/2 圈，使切屑碎断后容易排出，并可减少切屑刃因粘屑而使丝锥扎住现象，直至加工完毕。最后用标准螺栓检查螺纹的质量，如图 18-13 所示。

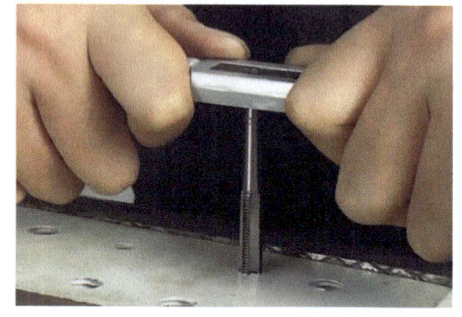

图 18-11　压紧丝锥加工

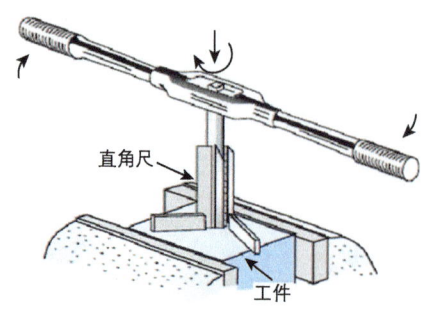

图 18-12　校正丝锥的垂直度

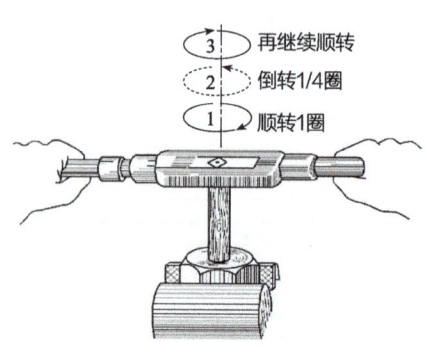

图 18-13　加工螺纹

3. 现场整理

（1）实习后场地清洁干净，工具放进包装盒。
（2）工具与工作台必须清洁。
（3）将操作的铁粉进行分类处理，保护环境。

（二）板牙套螺纹操作

1. 准备实训器材（图18-14）

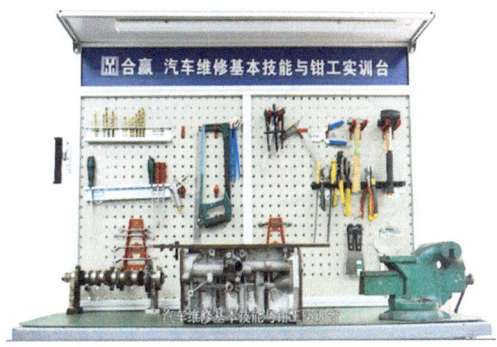
工作台

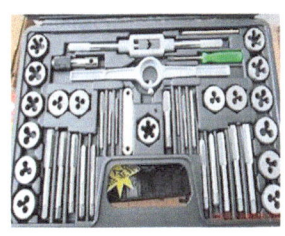
丝锥板牙套装工具

圆杆

图18-14 实训器材

2. 任务实施

（1）套丝前圆杆直径的确定：通过查找相关手册资料，确认圆杆直径D_0，或者根据被加工材料的类型，根据公式$D_0 \approx D - 0.31P$计算出D_0。

（2）组装板牙工具：根据圆杆直径选择好板牙和铰杠，组装好，并调整好板牙并锁死，如图18-15所示。

（3）圆杆端部加工成倒角：被加工的圆杆端部应该加工成倒角的，便于板牙对准中心位置以及容易切入，如图18-16所示，而且圆杆在不影响加工螺纹的情况下，突出钳口的位置短些。

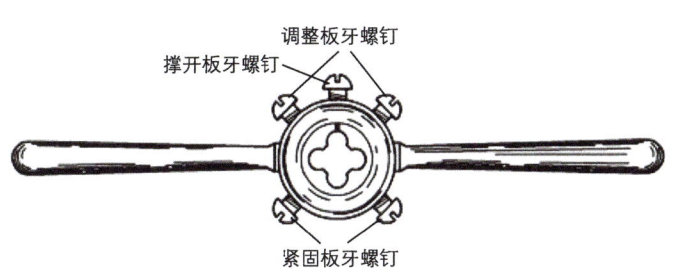
图18-15 组装板牙工具

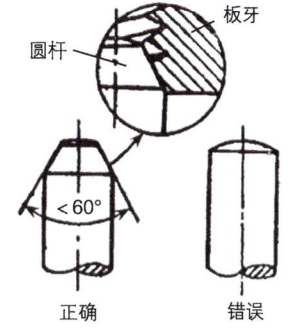
图18-16 圆杆端部加工成倒角

（4）用板牙进行套螺纹：套螺纹过程与攻螺纹过程相似的，板牙端面要与圆杆垂直。刚开始套螺纹的时候要稍微对板牙加压力，方便板牙切入进行套螺纹，在套入 3~4 扣后，就不要加压力，只需转动铰杠进行套螺纹就可以，而且要时常反转，让切屑容易排出，且在操作的时候要用力均匀，在加工过程中要时常添加切削液。加工完毕，用标准螺母检查螺栓加工质量，如图 18-17 所示。加工出来的切屑切忌不能用嘴吹，要用刷子清扫，防止切屑进入眼睛。

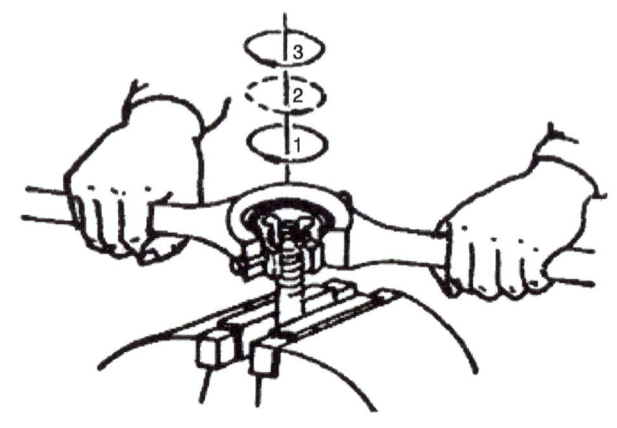

板牙进行套螺纹

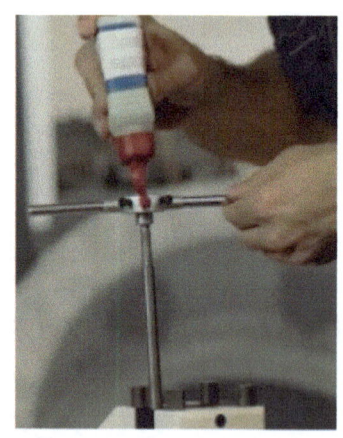

添加切削液

检查螺栓加工质量

图 18-17　板牙进行套螺纹

3. 现场整理

（1）实习后场地清洁干净，工具放进包装盒。

（2）工具与工作台必须清洁。

（3）将操作的铁粉进行分类处理，保护环境。

学习拓展

拓展任务：使用丝锥加工六角螺母的内螺纹

请根据图18-18，结合课程资料完成拓展任务。

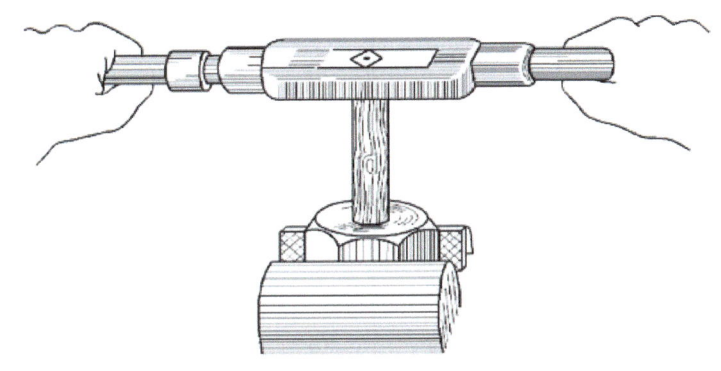

图18-18 加工内螺纹

评价与反馈

序号	评价项目	分值	自评（30%）	互评（30%）	教师评（40%）
1	能够描述丝锥及板牙的类型和用途	10			
2	能够描述丝锥及板牙的使用注意事项	10			
3	能够掌握丝锥及板牙的选配及使用方法	10			
4	能够利用丝锥及板牙对汽车相关零件进行加工	10			
5	能够对丝锥及板牙进行维护保养	10			
6	具有良好的安全实训意识	10			
7	具备良好的团队合作精神	10			
8	正确使用汽车维修工量具和钳工技能训练实训台	10			
9	确保汽车维修工量具和钳工技能训练实训台使用后完整无损	10			
10	学习过程中认真遵守6S规范	10			

技能考核标准

技能考核项目		操作内容	规定分值	评分标准	得分
课前准备	劳动保护	个人工作服着装清洁整齐	5	个人工作服着装清洁整齐得5分,否则酌情扣分	
	集队	课前分组集队整齐迅速	5	课前分组集队整齐迅速得5分,否则酌情扣分	
任务实施及操作	场地准备	检查场地布置及设备运行用电需要	5	检查场地布置及设备运行用电需要得5分,否则酌情扣分	
	设备准备	丝锥板牙套装及耗材齐全	5	丝锥板牙套装及耗材齐全得5分,否则酌情扣分	
	待加工工件准备	待加工工件准备到位	10	待加工工件准备到位得10分,否则酌情扣分	
	攻螺纹板牙前准备	1. 对待加工工件进行清洁 2. 对岗位进行清洁检验	10	1. 对待加工工件进行清洁得5分,否则酌情扣分 2. 对岗位进行清洁检验得5分,否则酌情扣分	
	螺孔攻螺纹	使用丝锥进行攻螺纹	10	能按照要求完成得10分,否则酌情扣分	
	螺栓套螺纹	使用板牙进行套螺纹	10	能按照要求完成得10分,否则酌情扣分	
	操作结束	1. 整理工具和工作台 2. 整理操作现场环境	10	1. 整理工具和工作台得5分,否则酌情扣分 2. 整理操作现场环境得5分,否则酌情扣分	
	攻螺纹板牙要求评定	能按照要求攻螺纹板牙各种工件	10	能按照要求攻螺纹板牙各种工件得10分,否则酌情扣分	
6S管理	现场管理	整个操作过程现场布局合理,按6S要求完成操作	20	整个操作过程现场布局合理,操作过程符合6S规范得20分,否则酌情扣分	
总分					

任务 19
扩管器的选用及使用技能训练

学习目标

● 知识目标
1. 了解扩管器的结构、种类、规格,能正确选用扩管器。
2. 掌握扩管器的使用方法。

● 技能目标
1. 掌握扩管器使用的注意事项。
2. 会用扩管器扩张铜管口。

建议课时:
4 课时

任务描述

汽车上的空调等液压管路管道,随着发动机运行会出现变形、裂纹、断裂等情况,作为汽车维修人员,需要懂得运用钳工基础知识进行解决。本课题主要要求学生认识关于空调等液压管路的金属管道口的制作与连接。

知识准备

一、扩管器的结构认识

扩胀管器是用来制作铜管的喇叭口和杯形口(又称圆柱形口)的专用工具,使管路连接有更好的密封性,如图 19-1 所示。

图 19-1 扩管器作用

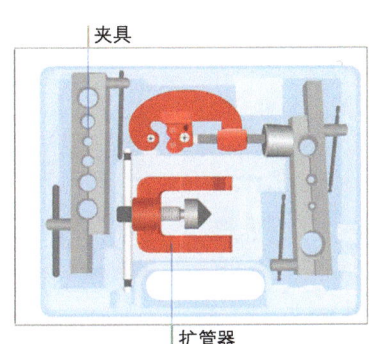

图 19-2 扩管器的结构

139

扩管器主要由夹具、弓形架和扩胀头组成。夹具分成对称的两半，一端使用销子连接，另一端使用紧固螺母和螺栓紧固。两半对合后形成的圆孔按不同的管径制成螺纹状，目的是便于更紧地夹紧铜管。孔的上口制成60°的倒角，以利于扩出适宜的喇叭口，如图19-2所示。

二、扩管器的使用方法

扩管时，首先将铜管扩口端退火并用锉刀锉修平整，然后把铜管放置在相应管径的夹具中，拧紧夹具上的紧固螺母，将铜管牢牢夹住。

扩喇叭口时，管口必须高于夹具的表面，其高度略大于夹孔倒角的斜边长度，然后将锥头旋紧在弓形架的顶压螺杆上，把弓形架固定在夹具上，使锥头与铜管的中心在同一直线上，然后顺时针转动顶压螺杆上的手柄，使锥头顶住管口，均匀缓慢地旋紧螺杆，把锥头向下旋转3/4圈，再倒转1/4圈。如此反复进行，逐步把管口扩成喇叭口。旋紧螺杆时应注意不要过分用力，以免胀裂铜管侧壁。

扩喇叭口时，可在锥头抹少许冷冻油，便于扩口润滑。最后扩成的喇叭口要圆整、光滑、没有裂纹（图19-3）。

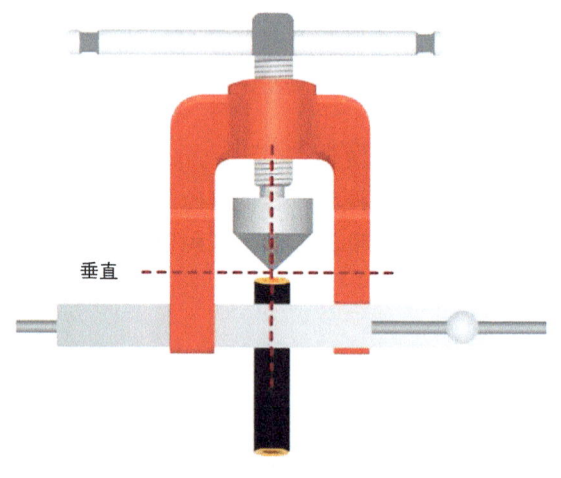

图19-3 扩管器的使用

任务实施

使用扩管器加工金属管路接口

1. 准备工作（图19-4）

工作台

扩管器

铝管

图19-4 实训器材

2. 扩管操作流程

（1）清洁工具与零件。

 注意：使用专用工具必须按照 6S 管理操作。对所有工具都必须小心轻放，使用后必须清洁摆放整齐。

扩管器的选用及使用技能训练

（2）正确选用扩管器。

（3）扩孔操作步骤。

① 选择合适锥头，在紧压器上安装上锥头，逆时针旋紧锥头，如图 19-5 所示。

 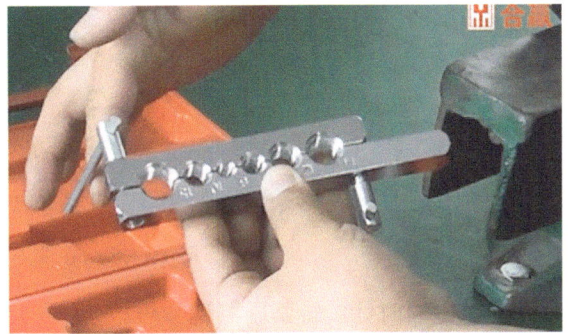

图 19-5　安装锥头

② 将铝管装入夹板对应尺寸的孔中，并调节夹板旋钮，使夹板夹紧铝管（图 19-6），并且使得铝管的管口露出夹具表面的高度应大于管径 1~3mm，如图 19-7 所示。

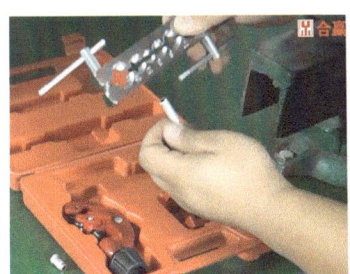 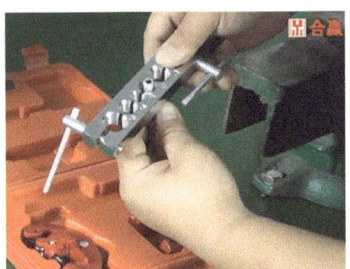 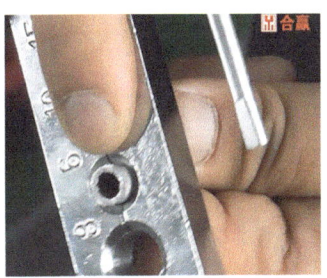

图 19-6　夹板夹紧铝管

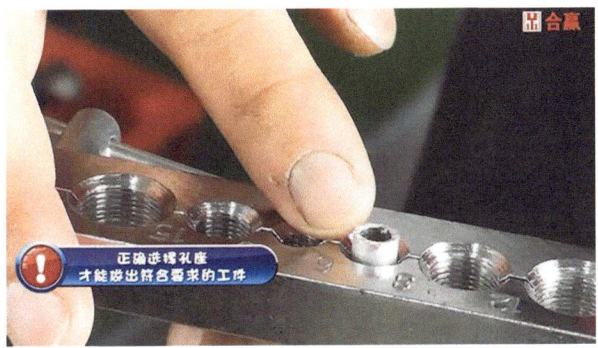

图 19-7　铝管的管口高度

③ 将紧压器安装在夹板上，注意压紧器与夹板的安装方向，且要让锥头对准铝管管口，如图 19-8 所示。

> **注意**：扩喇叭口时，夹具仍必须牢牢夹紧铝管，否则扩口时铝管容易松动而后移变化，造成喇叭口的深度不够。

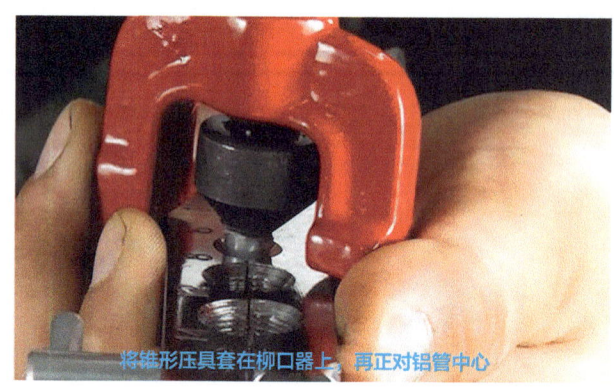

图 19-8　在夹板上安装紧压器

④ 慢慢顺时针旋转紧压器调节杆，使锥头压入铝管管口，继续旋转调节手柄，每顺时针转动 3/4 圈，就逆时针转动 1/4 圈，直至扩制完毕，如图 19-9 所示。

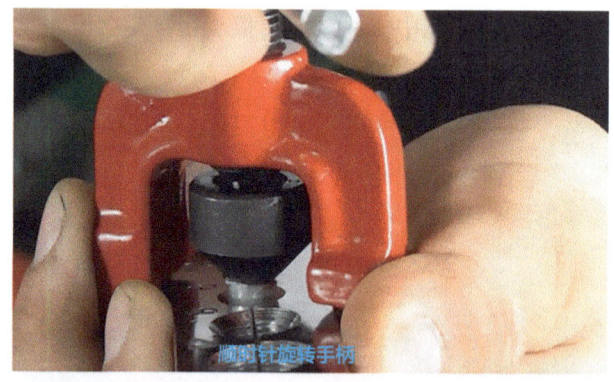

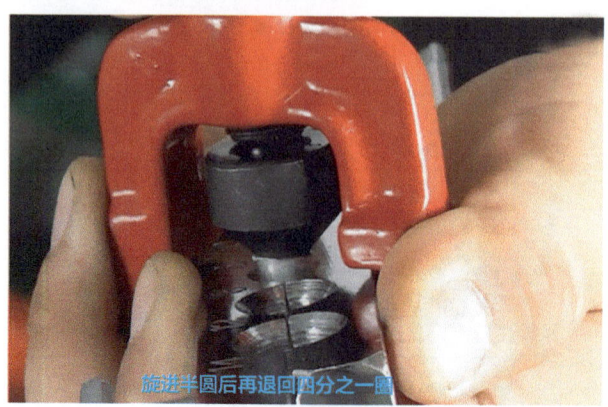

图 19-9　铝管管口扩孔

⑤ 逆时针旋松紧压器并取下,松开调节夹板旋钮,打开夹板并取下铝管,注意不要让铝管掉落地面,防止损伤管口,如图 19-10 所示。

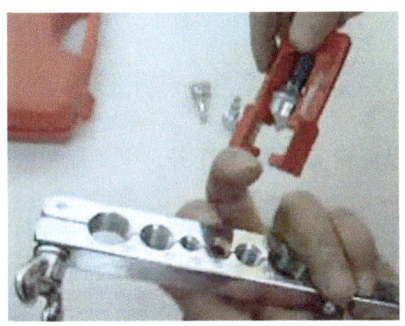

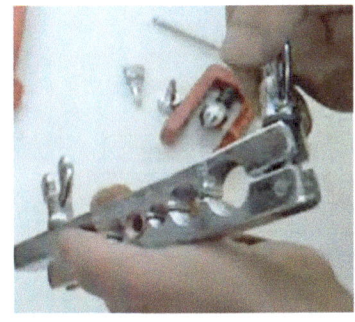
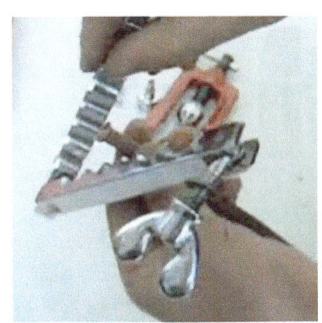

图 19-10　取下铝管

⑥ 检查喇叭口是否圆正、光滑、无毛刺,如图 19-11 所示。

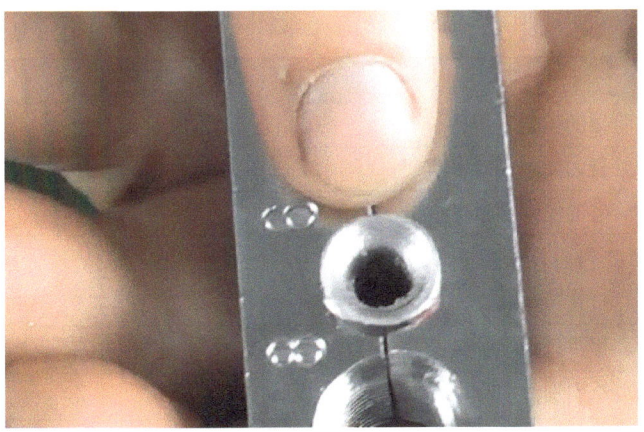

图 19-11　检查管口质量

3. 操作后现场整理

(1) 将扩管器按照要求装好。

(2) 清洁工作场地。

(3) 将操作过程中产生的各种垃圾,分类处理,保护环境。

学习拓展

拓展任务：使用扩管器对铜管进行扩成杯形口

请根据图 19-12，结合课程资料完成拓展任务。

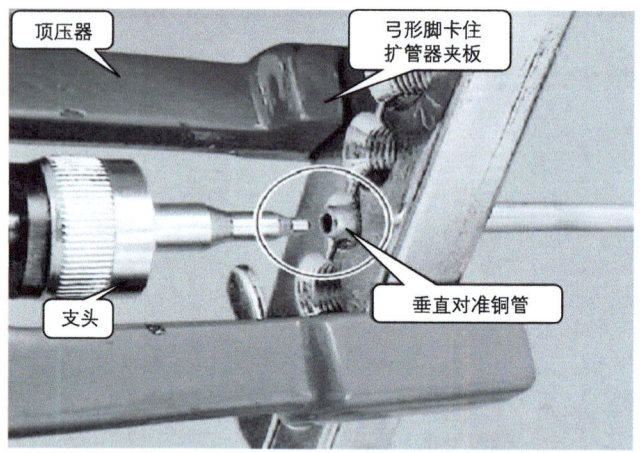

图 19-12　扩杯形口

评价与反馈

序号	评价项目	分值	自评（30%）	互评（30%）	教师评（40%）
1	能够描述扩管器的类型和用途	10			
2	能够描述扩管器的使用注意事项	10			
3	能够掌握切管器的使用注意事项	10			
4	能够利用扩管器组件对汽车空调系统、燃油系统进行管路修复	10			
5	能够对扩管器组件进行维护保养	10			
6	具有良好的安全实训意识	10			
7	具备良好的团队合作精神	10			
8	正确使用汽车维修工量具使用和钳工技能训练实训台	10			
9	确保汽车维修工量具和钳工技能训练实训台使用后完整无损	10			
10	学习过程中认真遵守 6S 规范	10			

技能考核标准

技能考核项目		操作内容	规定分值	评分标准	得分
课前准备	劳动保护	个人工作服着装清洁整齐	5	个人工作服着装清洁整齐得5分,否则酌情扣分	
	集队	课前分组集队整齐迅速	5	课前分组集队整齐迅速得5分,否则酌情扣分	
任务实施及操作	场地准备	检查场地布置及设备运行用电需要	5	检查场地布置及设备运行用电需要得5分,否则酌情扣分	
	设备准备	测量所需量具及耗材齐全	5	测量所需量具及耗材齐全得5分,否则酌情扣分	
	场地准备	检查场地布置及设备运行用电需要	5	检查场地布置及设备运行用电需要得5分,否则酌情扣分	
	设备准备	扩管器套装及耗材齐全	5	扩管器套装及耗材齐全得5分,否则酌情扣分	
	待加工工件准备	待加工工件准备到位	10	待加工工件准备到位得10分,否则酌情扣分	
	扩管器前准备	1. 对待加工工件进行清洁 2. 对岗位进行清洁检验	10	1. 对待加工工件进行清洁得5分,否则酌情扣分 2. 对岗位进行清洁检验得5分,否则酌情扣分	
	金属管口扩张	能熟练操作扩管器	15	用扩管器准确得15分,否则酌情扣分	
	操作结束	整理工具与现场	10	1. 整理工具与工件得5分,否则酌情扣分 2. 整理操作现场环境得5分,否则酌情扣分	
	金属管口平分	管口扩张完成后判断能否使用	15	能使用得15分,否则酌情扣分	
6S管理	现场管理	整个操作过程现场布局合理,按6S要求完成操作	10	整个操作过程现场布局合理,操作过程符合6S规范得10分,否则酌情扣分	
总分					